Marcel Reich-Ranicki

*Mein*
# LESSING

| Hoffmann und Campe |

1. Auflage 2009
Copyright © 2009 by
Hoffmann und Campe Verlag, Hamburg
*www.hoca.de*
Satz: Pinkuin Satz und Datentechnik, Berlin
Gesetzt aus der Adobe Bembo
Druck und Bindung: GGP Media GmbH, Pößneck
Printed in Germany
ISBN 978-3-455-40182-0

**HOFFMANN
UND CAMPE**

*Ein Unternehmen der*
GANSKE VERLAGSGRUPPE

# INHALT

# VORWORT

Er war und ist ein ohne Zweifel bewunderter, doch keineswegs ein beliebter und schon gar nicht ein geliebter Schriftsteller. Hochachtung und Dankbarkeit wurden ihm nie verweigert. Aber war es ihm je gelungen, Begeisterung auszulösen? Anders als Schiller oder Hölderlin hat sich Lessing weder im neunzehnten noch im zwanzigsten Jahrhundert einer Gefolgschaft rühmen können. Anders als Kleist oder Büchner war er nie verkannt oder vergessen. Und anders als Heine oder Thomas Mann musste er nie aus Deutschland emigrieren. Seit zweihundert Jahren überschüttet man ihn mit ehrerbietigen Hymnen und huldvollen Lobsprüchen. Ist es so abwegig, zu vermuten, man habe bisweilen versucht, sich auf diese Weise den unbequemen Klassiker vom Leibe zu halten?

Seine große Leidenschaft hieß *Polemik*. Mehr noch als das von ihm so geschätzte Glücksspiel liebte Lessing den Widerspruch, die Diskussion, den Streit. Es habe – schrieb er – »die Wahrheit bei jedem Streite gewonnen«. Alle seine Werke, natürlich auch die Dramen vom »Jungen Gelehrten« bis zum »Nathan«, sind mehr oder weniger getarnte, doch unmissverständliche Kampfschriften. Das Fräulein von Barnhelm und der Major von Tellheim – sie flirten miteinander und polemisieren gegeneinander, ja sie tun meist beides zugleich. Die Polemik als Flirt – wer kannte das vor Lessing? Shakespeare? Molière? Letztlich hat es doch erst Lessing erfunden. Wahrlich, ihm standen alle Register der Polemik zur Verfügung, und alle beherrschte er virtuos – wie kein Deutscher vor ihm und keiner nach ihm.

Als ein Kabinettsbefehl Lessings publizistische Tätigkeit einschränkte, wechselte er den Kampfplatz: »Ich muss versuchen, ob man mich auf meiner alten Kanzel, auf dem Theater, wenigstens noch ungestört wird predigen lassen.« So glaubte sich Lessing in seinen späteren Jahren verpflichtet, Musterstücke zu schreiben: »Minna von Barnhelm«, »Emilia Galotti« und die ungewöhnliche Kampfschrift »Nathan der Weise«. Es sollten Musterstücke sein, es wurden Meisterstücke, die bis heute lebendig sind, die bis heute mit Erfolg gespielt werden.

Der »Nathan« ist eine Tendenzdichtung, ein Demonstrationsspiel, ein Lehrstück. Doch zugleich hat Lessing – und darauf kommt es an – ein zartes und nachdenkliches Bühnenmärchen geschrieben, ein poetisches Lustspiel, ja sogar – das meinte Hofmannsthal – »das geistreichste Lustspiel, das wir haben«. Für die Aufklärung kämpfte Lessing, für die Gerechtigkeit und für die Vernunft, für die Toleranz, für die Humanität, zumal für die praktische Humanität, für die praktische Ethik. Er kämpfte gegen die Engstirnigkeit, er hasste und verachtete den Judenhass.

Im neunzehnten Jahrhundert wurde der »Nathan« vom liberalen deutschen Bürgertum befürwortet, und die Juden waren dem Autor des »Nathan« besonders dankbar. Jene Juden, die während der Emanzipation deutsche Namen wählen durften (das galt aber keineswegs für alle), entschieden sich bisweilen für den Namen »Lessing«.

Aber später, zumal in den zwanziger Jahren des zwanzigsten Jahrhunderts, spielte man das Stück schon seltener, gleichwohl fehlte es nicht in den Universitätsverzeichnissen und gehörte zum Kanon der Schullektüre. Doch die Nationalsozialisten haben den »Nathan« sofort nach der Machtübernahme mit einem Bann belegt. Das Stück wurde weder in Theatern aufgeführt noch an den Universitäten oder an Schulen behandelt. In Vorlesungen über Lessing hat man den »Nathan« übergangen oder nur mit abschätziger Wertung erwähnt. Das änderte sich natürlich 1945.

Wenige Monate nach der Kapitulation wurde das nunmehr repräsentative deutsche Theater (das einst von Max Reinhardt geleitete Deutsche Theater) mit dem »Nathan« wiedereröffnet; der damals berühmte Theater- und Filmschauspieler Paul Wegener spielte die Titelrolle. In den fünfziger und sechziger Jahren wurde das Stück immer wieder in Deutschland wie in Österreich aufgeführt. Nach dem »Dritten Reich«, da dem Publikum unentwegt gesagt worden war, was es denken sollte, war es nun dankbar für die Werke eines Autors, der wie Lessing von konstanten und endgültigen Wahrheiten nichts hielt.

»Jeder sage, was ihm Wahrheit dünkt, und die Wahrheit selbst sei Gott empfohlen«, schrieb Lessing in einem Brief. So galt sein Interesse ungleich weniger dem Resultat als vor allem dem Verfahren. Der Diskurs wurde nicht selten zum Selbstzweck, zum Bravourstück, imponierend und bedenklich in einem.

Leidenschaft und Eifer machten aus ihm einen oft unbarmherzigen und grausamen, ja mitunter sadistischen Polemiker. Für den Streit um die Wahrheit, so Lessing, habe die Losung zu gelten: »Die Partei, welche verlieret, verliert nichts als Irrtümer, und kann alle Augenblicke an dem Siege der anderen Teil nehmen.«

Eher rechthaberisch veranlagt, war Lessing keineswegs geneigt, seinen Diskussionspartnern, denen er ohnehin haushoch überlegen war, auch nur einen kleinsten Sieg zu gönnen. Er verfolgte sie bis zum bitteren Ende. »Kein Kopf war vor ihm sicher«, schrieb Heine, »ja, manchen Schädel hat er sogar aus Übermut heruntergeschlagen, und dann war er dabei noch so boshaft, ihn vom Boden aufzuheben und dem Publikum zu zeigen, dass er inwendig hohl war.«

Vorwiegend polemische Werke sind Lessings »Briefe, die neueste Literatur betreffend« und die »Hamburgische Dramaturgie«. Die »Dramaturgie« ist eine Zusammenfassung von zunächst zweimal wöchentlich und bald nur noch unregelmäßig erscheinenden Theaterkritiken, die als Flugblätter oder Prospekte vertrieben wurden. Mit ihnen verfolgte Lessing hohe pädagogische Ziele – die Erziehung des Publikums und der Schauspieler. Sein Auftraggeber, das Hamburger Schauspielhaus, hatte freilich anderes im Sinn: Es benötigte ihn vor allem als Werbechef und Pressesprecher. An diesen unterschiedlichen Vorstellungen von den Aufgaben der »Dramaturgie« musste das Unternehmen rasch scheitern.

Von höchstem Interesse sind in Lessings Schriften über die Literatur nicht die Analysen einzelner Werke, nicht die Bemerkungen über einzelne Autoren, nicht die Urteile und Wertungen, sondern die prinzipiellen Äußerungen und die Postulate. Er habe, schrieb Lessing in der »Hamburgischen Dramaturgie«, nichts als den »Sauerteig der Erkenntnis« liefern wollen.

Der Sauerteig aber ist kein Material, aus dem sich ein Kodex machen lässt oder gar ein nationales Gesetzbuch, das viele Kollegen und Leser Lessings von ihm erwarteten. Es ist nicht seine Schuld, dass man, seine Ansichten und Absichten gründlich verkennend, oft darauf zu sprechen kam. Man kann aus seinem Werk kein System ableiten, keine in sich geschlossene Theorie der Literatur, kein Programm der Kritik.

Lessing war ein Einzelgänger, und nichts konnte ihn hindern, bis ans Ende seines Lebens ein Einzelgänger zu bleiben. Nie war er bereit, sich einer Schulmeinung anzuschließen, nie hat er eine Gruppe oder Stilrichtung repräsentiert. Die Einsamkeit schien ihm die Voraussetzung für die Unabhängigkeit des Kritikers, die Unabhängigkeit die Bedingung für sein Amt.

Er hat die pädagogische Funktion der Ablehnung gefordert und so der Negation in der Literaturkritik zur höchsten Würde verholfen. Allerdings machte sich Lessing Illusionen, die missbilligende Kritik würde auch von den betroffenen Schriftstellern und Schauspielern geschätzt werden. Aber die negative

Kritik, die sich gegen seine eigenen Werke richtete, hat Lessing keineswegs gern akzeptiert.

Dass alle Gattungen den Menschen bessern sollen, war für ihn eine Selbstverständlichkeit. Doch vom Einfluss nichtkünstlerischer Kategorien auf das ästhetische Urteil wollte er nichts wissen. Unverkennbar ist in seiner kritischen Prosa die Herkunft vom Journalismus. Das hat ihr nicht geschadet. Er diente der Wissenschaft mit dem Temperament des Journalisten und dem Journalismus mit dem Ernst des Wissenschaftlers.

Seine Kritik ist an das Publikum gerichtet, dessen Reaktion ihm nie gleichgültig war. Mit dem Adressaten hat auch die Diktion dieser Kritik zu tun: Lessing scheute weder Übertreibungen noch Überspitzungen, liebte effektvolle Formeln und pointierte Sentenzen und übernahm viele aus der Umgangssprache stammende Wendungen – alles um der Verständigung, um der Deutlichkeit willen.

Was der Kritiker, der Praktiker hinterlassen hat, ist längst verblasst. Doch was wir dem Vorkämpfer und Wegbereiter der Kritik schulden, ist zu einem erheblichen Teil noch keineswegs überholt. In den zweihundert Jahren seit seinem Tod wurde die Kritik in Deutschland immer wieder beschimpft und bekämpft und gelegentlich auch vom Staat verboten. Aber was Lessing erreicht hat, konnte niemand mehr rückgängig machen.

# NATHAN DER WEISE

EIN DRAMATISCHES GEDICHT,
IN FÜNF AUFZÜGEN

Jntroite, nam et heic Dii sunt!
APVD GELLIVM.

## PERSONEN

Sultan *Saladin*.
*Sittah,* dessen Schwester.
*Nathan,* ein reicher Jude in Jerusalem.
*Recha,* dessen angenommene Tochter.
*Daja,* eine Christin, aber in dem Hause des Juden,
als Gesellschafterin der Recha.
Ein junger *Tempelherr*.
Ein *Derwisch*.
Der *Patriarch* von Jerusalem.
Ein *Klosterbruder*.
Ein *Emir* nebst verschiednen *Mameluken* des Saladin.

Die Scene ist in Jerusalem.

# ERSTER AUFZUG

## ERSTER AUFTRITT

*Scene: Flur in Nathans Haus.*
*Nathan von der Reise kommend. Daja ihm entgegen.*

DAJA    Er ist es! Nathan! – Gott sei ewig Dank.
Daß Ihr doch endlich einmal wiederkommt.

NATHAN
Ja, Daja; Gott sei Dank! – Doch warum e n d l i c h?
Hab' ich denn eher wiederkommen wollen?
Und wiederkommen können? Babylon
Ist von Jerusalem, wie ich den Weg,
Seit ab bald rechts, bald links, zu nehmen bin
Genötigt worden, gute hundert Meilen;
Und Schulden einkassieren, ist gewiß
Auch kein Geschäft, das merklich födert, das
So von der Hand sich schlagen läßt.

DAJA    O Nathan,
Wie elend, elend hättet Ihr indes
Hier werden können! Euer Haus …

NATHAN    Das brannte.
So hab' ich schon vernommen. – Gebe Gott,
Daß ich nur alles schon vernommen habe!

DAJA    Und wäre leicht von Grund aus abgebrannt.

NATHAN    Dann, Daja, hätten wir ein neues uns
Gebaut; und ein bequemeres.

DAJA    Schon wahr! –
Doch R e c h a war' bei einem Haare mit
Verbrannt.

NATHAN  Verbrannt? Wer? meine Recha? sie? –
Das hab' ich nicht gehört. – Nun dann! So hätte
Ich keines Hauses mehr bedurft. – Verbrannt
Bei einem Haare! – Ha! sie ist es wohl!
Ist wirklich wohl verbrannt! – Sag' nur heraus!
Heraus nur! – Töte mich: und martre mich
Nicht länger. – Ja, sie ist verbrannt.

DAJA  Wenn sie
Es wäre, würdet Ihr von mir es hören?

NATHAN
Warum erschreckest du mich denn? – O Recha!
O meine Recha!

DAJA  Eure? Eure Recha?

NATHAN  Wenn ich mich wieder je entwöhnen müßte,
Dies Kind mein Kind zu nennen!

DAJA  Nennt Ihr alles,
Was Ihr besitzt, mit eben so viel Rechte
Das Eure?

NATHAN  Nichts mit größerm! Alles, was
Ich sonst besitze, hat Natur und Glück
Mir zugeteilt. Dies Eigentum allein
Dank' ich der Tugend.

DAJA  O wie teuer laßt
Ihr Eure Güte, Nathan, mich bezahlen!
Wenn Güt', in solcher Absicht ausgeübt,
Noch Güte heißen kann!

NATHAN  In solcher Absicht?
In welcher?

DAJA  Mein Gewissen …

NATHAN  Daja, laß
Vor allen Dingen dir erzählen …

DAJA  Mein
Gewissen, sag' ich …

NATHAN  Was in Babylon
Für einen schönen Stoff ich dir gekauft.
So reich, und mit Geschmack so reich! Ich bringe
Für Recha selbst kaum einen schönern mit.

DAJA  Was hilfts? Denn mein Gewissen, muß ich Euch
Nur sagen, läßt sich länger nicht betäuben.

NATHAN  Und wie die Spangen, wie die Ohrgehenke,
Wie Ring und Kette dir gefallen werden,
Die in Damascus ich dir ausgesucht:
Verlanget mich zu sehn.

DAJA  So seid Ihr nun!
Wenn Ihr nur schenken könnt! nur schenken könnt!

NATHAN
Nimm du so gern, als ich dir geb': – und schweig!

DAJA
Und schweig! – Wer zweifelt, Nathan, daß Ihr nicht
Die Ehrlichkeit, die Großmut selber seid?
Und doch …

NATHAN  Doch bin ich nur ein Jude. – Gelt,
Das willst du sagen?

DAJA  Was ich sagen will,
Das wißt Ihr besser.

NATHAN  Nun so schweig!

DAJA  Ich schweige.
Was Sträfliches vor Gott hierbei geschieht,
Und ich nicht hindern kann, nicht ändern kann, –
Nicht kann, – komm' über Euch!

NATHAN  Komm' über mich! –
Wo aber ist sie denn? wo bleibt sie? – Daja,
Wenn du mich hintergehst! – Weiß sie es denn,
Daß ich gekommen hin?

DAJA  Das frag' ich Euch!
Noch zittert ihr der Schreck durch jede Nerve.

Noch malet Feuer ihre Phantasie
Zu allem, was sie malt. Im Schlafe wacht,
Im Wachen schläft ihr Geist: bald weniger
Als Tier, bald mehr als Engel.

NATHAN  Armes Kind!
Was sind wir Menschen!

DAJA  Diesen Morgen lag
Sie lange mit verschloßnem Aug', und war
Wie tot. Schnell fuhr sie auf, und rief: »Horch! horch!
Da kommen die Kamele meines Vaters!
Horch! seine sanfte Stimme selbst!« — Indem
Brach sich ihr Auge wieder: und ihr Haupt,
Dem seines Armes Stütze sich entzog,
Stürzt auf das Küssen. — Ich, zur Pfort' hinaus!
Und sieh: da kommt Ihr wahrlich! kommt Ihr
  wahrlich. —
Was Wunder! ihre ganze Seele war
Die Zeit her nur bei Euch — und ihm. —

NATHAN  Bei ihm?
Bei welchem Ihm?

DAJA  Bei ihm, der aus dem Feuer
Sie rettete.

NATHAN  Wer war das? wer? — Wo ist er?
Wer rettete mir meine Recha? wer?

DAJA  Ein junger Tempelherr, den, wenig Tage
Zuvor, man hier gefangen eingebracht,
Und Saladin begnadigt hatte.

NATHAN  Wie?
Ein Tempelherr, dem Sultan Saladin
Das Leben ließ? Durch ein geringres Wunder
War Recha nicht zu retten? Gott!

DAJA  Ohn' ihn,
Der seinen unvermuteten Gewinst
Frisch wieder wagte, war es aus mit ihr.

NATHAN    Wo ist er, Daja, dieser edle Mann? –
Wo ist er? Führe mich zu seinen Füßen.
Ihr gabt ihm doch vors erste, was an Schätzen
Ich euch gelassen hatte? gabt ihm alles?
Verspracht ihm mehr? weit mehr?
DAJA    Wie konnten wir?
NATHAN    Nicht? nicht?
DAJA    Er kam, und niemand weiß woher.
Er ging, und niemand weiß wohin. – Ohn' alle
Des Hauses Kundschaft, nur von seinem Ohr
Geleitet, drang, mit vorgespreiztem Mantel,
Er kühn durch Flamm' und Rauch der Stimme nach,
Die uns um Hülfe rief. Schon hielten wir
Ihn für verloren, als aus Rauch und Flamme
Mit eins er vor uns stand, im starken Arm
Empor sie tragend. Kalt und ungerührt
Vom Jauchzen unsers Danks, setzt seine Beute
Er nieder, drängt sich unters Volk und ist –
Verschwunden!
NATHAN    Nicht auf immer, will ich hoffen.
DAJA    Nachher die ersten Tage sahen wir
Ihn untern Palmen auf und nieder wandeln,
Die dort des Auferstandnen Grab umschatten.
Ich nahte mich ihm mit Entzücken, dankte,
Erhob, entbot, beschwor, – nur einmal noch
Die fromme Kreatur zu sehen, die
Nicht ruhen könne, bis sie ihren Dank
Zu seinen Füßen ausgeweinet.
NATHAN    Nun?
DAJA    Umsonst! Er war zu unsrer Bitte taub;
Und goß so bittern Spott auf mich besonders …
NATHAN    Bis dadurch abgeschreckt …
DAJA    Nichts weniger!

Ich trat ihn jeden Tag von neuem an;
Ließ jeden Tag von neuem mich verhöhnen.
Was litt ich nicht von ihm! Was hätt' ich nicht
Noch gern ertragen! – Aber lange schon
Kommt er nicht mehr, die Palmen zu besuchen,
Die seines Auferstandnen Grab umschatten;
Und niemand weiß, wo er geblieben ist. –
Ihr staunt? Ihr sinnt?

NATHAN     Ich überdenke mir,
Was das auf einen Geist, wie Rechas, wohl
Für Eindruck machen muß. Sich so verschmäht
Von dem zu finden, den man hochzuschätzen
Sich so gezwungen fühlt; so weggestoßen,
Und doch so angezogen werden; – Traun,
Da müssen Herz und Kopf sich lange zanken,
Ob Menschenhaß, ob Schwermut siegen soll.
Oft siegt auch keines; und die Phantasie,
Die in den Streit sich mengt, macht Schwärmer,
Bei welchen bald der Kopf das Herz, und bald
Das Herz den Kopf muß spielen. – Schlimmer Tausch!
Das letztere, verkenn' ich Recha nicht,
Ist Rechas Fall: sie schwärmt.

DAJA     Allein so fromm,
So liebenswürdig!

NATHAN     Ist doch auch geschwärmt!

DAJA     Vornehmlich Eine – Grille, wenn Ihr wollt,
Ist ihr sehr wert. Es sei ihr Tempelherr
Kein irdischer und keines irdischen;
Der Engel einer, deren Schutze sich
Ihr kleines Herz, von Kindheit auf, so gern
Vertrauet glaubte, sei aus seiner Wolke,
In die er sonst verhüllt, auch noch im Feuer,
Um sie geschwebt, mit eins als Tempelherr

Hervorgetreten. – Lächelt nicht! – Wer weiß?
Laßt lächelnd wenigstens ihr einen Wahn,
In dem sich Jud' und Christ und Muselmann
Vereinigen; – so einen süßen Wahn!

NATHAN    Auch mir so süß! Geh, wackre Daja, geh;
Sieh, was sie macht; ob ich sie sprechen kann. –
Sodann such' ich den wilden, launigen
Schutzengel auf. Und wenn ihm noch beliebt,
Hiernieden unter uns zu wallen; noch
Beliebt, so ungesittet Ritterschaft
Zu treiben: find' ich ihn gewiß; und bring'
Ihn her.

DAJA    Ihr unternehmet viel.

NATHAN    Macht dann
Der süße Wahn der süßern Wahrheit Platz: –
Denn, Daja, glaube mir; dem Menschen ist
Ein Mensch noch immer lieber, als ein Engel –
So wirst du doch auf mich, auf mich nicht zürnen,
Die Engelschwärmerin geheilt zu sehn?

DAJA    Ihr seid so gut, und seid zugleich so schlimm!
Ich geh! – Doch hört! – doch seht! – Da kommt sie selbst.


ZWEITER AUFTRITT

*Recha, und die Vorigen.*


RECHA    So seid Ihr es doch ganz und gar, mein Vater?
Ich glaubt', Ihr hättet Eure Stimme nur
Vorausgeschickt. Wo bleibt Ihr? Was für Berge,
Für Wüsten, was für Ströme trennen uns
Denn noch? Ihr atmet Wand an Wand mit ihr,
Und eilt nicht, Eure Recha zu umarmen?

Die arme Recha, die indes verbrannte! –
Fast, fast verbrannte! Fast nur. Schaudert nicht!
Es ist ein garst'ger Tod, verbrennen. O!

NATHAN    Mein Kind! mein liebes Kind!

RECHA    Ihr mußtet über
Den Euphrat, Tygris, Jordan; über – wer
Weiß was für Wasser all? – Wie oft hab' ich
Um Euch gezittert, eh das Feuer mir
So nahe kam! Denn seit das Feuer mir
So nahe kam: dünkt mich im Wasser sterben
Erquickung, Labsal, Rettung. – Doch Ihr seid
Ja nicht ertrunken: ich, ich bin ja nicht
Verbrannt. Wie wollen wir uns freuen, und Gott,
Gott loben! Er, er trug Euch und den Nachen
Auf Flügeln seiner u n s i c h t b a r e n Engel
Die ungetreuen Ström' hinüber. Er,
Er winkte meinem Engel, daß er s i c h t b a r
Auf seinem weißen Fittiche, mich durch
Das Feuer trüge –

NATHAN    (Weißem Fittiche!
Ja, ja! der weiße vorgespreizte Mantel
Des Tempelherrn.)

RECHA    Er sichtbar, sichtbar mich
Durchs Feuer trüg', von seinem Fittiche
Verweht. – Ich also, ich hab' einen Engel
Von Angesicht zu Angesicht gesehn;
Und m e i n e n Engel.

NATHAN    Recha wär' es wert;
Und würd' an ihm nichts schönres sehn, als er
An ihr.

RECHA    *lächelnd:*
Wem schmeichelt Ihr, mein Vater? wem?
Dem Engel, oder Euch?

NATHAN    Doch hätt' auch nur
Ein Mensch – ein Mensch, wie die Natur sie täglich
Gewährt, dir diesen Dienst erzeigt: er müßte
Für dich ein Engel sein. Er müßt' und würde.
RECHA    Nicht so ein Engel; nein! ein wirklicher;
Es war gewiß ein wirklicher! – Habt Ihr,
Ihr selbst die Möglichkeit, daß Engel sind,
Daß Gott zum Besten derer, die ihn lieben,
Auch Wunder könne tun, mich nicht gelehrt?
Ich lieb' ihn ja.
NATHAN    Und er liebt dich; und tut
Für dich, und deines gleichen, stündlich Wunder;
Ja, hat sie schon von aller Ewigkeit
Für euch getan.
RECHA    Das hör' ich gern.
NATHAN    Wie? weil
Es ganz natürlich, ganz alltäglich klänge,
Wenn dich ein eigentlicher Tempelherr
Gerettet hätte: sollt' es darum weniger
Ein Wunder sein? – Der Wunder höchstes ist,
Daß uns die wahren, echten Wunder so
Alltäglich werden können, werden sollen.
Ohn' dieses allgemeine Wunder, hätte
Ein Denkender wohl schwerlich Wunder je
Genannt, was Kindern bloß so heißen müßte,
Die gaffend nur das Ungewöhnlichste,
Das Neuste nur verfolgen.
DAJA    *zu Nathan:*    Wollt Ihr denn
Ihr ohnedem schon überspanntes Hirn
Durch solcherlei Subtilitäten ganz
Zersprengen?
NATHAN    Laß mich! – Meiner Recha wär'
Es Wunders nicht genug, daß sie ein M e n s c h

Gerettet, welchen selbst kein kleines Wunder
Erst retten müssen? Ja, kein kleines Wunder!
Denn wer hat schon gehört, daß Saladin
Je eines Tempelherrn verschont? daß je
Ein Tempelherr von ihm verschont zu werden
Verlangt? gehofft? ihm je für seine Freiheit
Mehr als den ledern Gurt geboten, der
Sein Eisen schleppt; und höchstens seinen Dolch?

RECHA

Das schließt für mich, mein Vater. – Darum eben
War das kein Tempelherr; er schien es nur. –
Kömmt kein gefangner Tempelherr je anders
Als zum gewissen Tode nach Jerusalem;
Geht keiner in Jerusalem so frei
Umher: wie hätte mich des Nachts freiwillig
Denn einer retten können?

NATHAN     Sieh! wie sinnreich.

Jetzt, Daja, nimm das Wort. Ich hab' es ja
Von dir, daß er gefangen hergeschickt
Ist worden. Ohne Zweifel weißt du mehr.

DAJA     Nun ja. – So sagt man freilich; – doch man sagt
Zugleich, daß Saladin den Tempelherrn
Begnadigt, weil er seiner Brüder einem,
Den er besonders lieb gehabt, so ähnlich sehe.
Doch da es viele zwanzig Jahre her,
Daß dieser Bruder nicht mehr lebt, – er hieß,
Ich weiß nicht wie; – er blieb, ich weiß nicht wo: –
So klingt das ja so gar – so gar unglaublich,
Daß an der ganzen Sache wohl nichts ist.

NATHAN     Ei, Daja! Warum wäre denn das so
Unglaublich? Doch wohl nicht – wie's wohl
     geschieht –
Um lieber etwas noch unglaublichers

Zu glauben? – Warum hätte Saladin,
Der sein Geschwister insgesamt so liebt,
In jüngern Jahren einen Bruder nicht
Noch ganz besonders lieben können? – Pflegen
Sich zwei Gesichter nicht zu ähneln? – Ist
Ein alter Eindruck ein verlorner? – Wirkt
Das Nemliche nicht mehr das Nemliche? –
Seit wenn – Wo steckt hier das Unglaubliche? –
Ei freilich, weise Daja, wär's für dich
kein Wunder mehr; und d e i n e Wunder nur
Bedürf – verdienen, will ich sagen, Glauben.

DAJA    Ihr spottet.

NATHAN    Weil du meiner spottest. – Doch
Auch so noch, Recha, bleibet deine Rettung
Ein Wunder, dem nur möglich, der die strengsten
Entschlüsse, die unbändigsten Entwürfe
Der Könige, sein Spiel – wenn nicht sein Spott –
Gern an den schwächsten Fäden lenkt.

RECHA    Mein Vater!
Mein Vater, wenn ich irr', Ihr wißt, ich irre
Nicht gern.

NATHAN    Vielmehr, du läßt dich gern belehren. –
Sieh! eine Stirn, so oder so gewölbt;
Der Rücken einer Nase, so vielmehr
Als so geführet; Augenbrauen, die
Auf einem scharfen oder stumpfen Knochen
So oder so sich schlängeln; eine Linie,
Ein Bug, ein Winkel, eine Falt', ein Mal,
Ein Nichts, auf eines wilden Europäers
Gesicht: – und du entkömmst dem Feur, in Asien!
Das wär' kein Wunder, wundersücht'ges Volk?
Warum bemüht ihr denn noch einen Engel?

DAJA    Was schadets – Nathan, wenn ich sprechen darf –

Bei alle dem, von einem Engel lieber
Als einem Menschen sich gerettet denken?
Fühlt man der ersten unbegreiflichen
Ursache seiner Rettung nicht sich so
Viel näher?

NATHAN  Stolz! und nichts als Stolz! Der Topf
Von Eisen will mit einer silbern Zange
Gern aus der Glut gehoben sein, um selbst
Ein Topf von Silber sich zu dünken. – Pah! –
Und was es schadet, fragst du? was es schadet?
Was hilft es? dürft ich nur hinwieder fragen.
Denn dein »Sich Gott um so viel näher fühlen«,
Ist Unsinn oder Gotteslästerung. –
Allein es schadet; ja, es schadet allerdings. –
Kommt! hört mir zu. Nicht wahr? dem Wesen, das
Dich rettete, – es sei ein Engel oder
Ein Mensch, – dem möchtet ihr, und du besonders,
Gern wieder viele große Dienste tun? –
Nicht wahr? – Nun, einem Engel, was für Dienste,
Für große Dienste könnt ihr dem wohl tun?
Ihr könnt ihm danken; zu ihm seufzen, beten;
Könnt in Entzückung über ihn zerschmelzen;
Könnt an dem Tage seiner Feier fasten,
Almosen spenden. – Alles nichts. – Denn mich
Deucht immer, daß ihr selbst und euer Nächster
Hierbei weit mehr gewinnt, als er. Er wird
Nicht fett durch euer Fasten; wird nicht reich
Durch eure Spenden; wird nicht herrlicher
Durch eur Entzücken; wird nicht mächtiger
Durch eur Vertrauen. Nicht wahr? Allein ein Mensch!

DAJA  Ei freilich hätt' ein Mensch, etwas für ihn
Zu t u n, uns mehr Gelegenheit verschafft.
Und Gott weiß, wie bereit wir dazu waren!

Allein er wollte ja, bedurfte ja
So völlig nichts; war in sich, mit sich so
Vergnügsam, als nur Engel sind, nur Engel
Sein können.

RECHA    Endlich, als er gar verschwand …

NATHAN    Verschwand? – Wie denn verschwand? – Sich
   untern Palmen
Nicht ferner sehen ließ? – Wie? oder habt
Ihr wirklich schon ihn weiter aufgesucht?

DAJA    Das nun wohl nicht.

NATHAN    Nicht, Daja? nicht? – Da sieh
Nun was es schadt! – Grausame Schwärmerinnen! –
Wenn dieser Engel nun – nun krank geworden! …

RECHA    Krank!

DAJA    Krank! Er wird doch nicht!

RECHA    Welch kalter Schauer
Befällt mich! – Daja! – Meine Stirne, sonst
So warm, fühl! ist auf einmal Eis.

NATHAN    Er ist
Ein Franke, dieses Klima's ungewohnt;
Ist jung; der harten Arbeit seines Standes,
Des Hungerns, Wachens ungewohnt.

RECHA    Krank! krank!

DAJA    Das wäre möglich, meint ja Nathan nur.

NATHAN    Nun liegt er da! hat weder Freund, noch Geld
Sich Freunde zu besolden.

RECHA    Ah, mein Vater!

NATHAN    Liegt ohne Wartung, ohne Rat und Zusprach,
Ein Raub der Schmerzen und des Todes da!

RECHA    Wo? wo?

NATHAN    Er, der für eine, die er nie
Gekannt, gesehn – genug, es war ein Mensch –
Ins Feur sich stürzte …

DAJA   Nathan, schonet ihrer!

NATHAN   Der, was er rettete, nicht näher kennen,
Nicht weiter sehen mocht', – um ihm den Dank
Zu sparen ...

DAJA   Schonet ihrer, Nathan!

NATHAN   Weiter
Auch nicht zu sehn verlangt', – es wäre denn,
Daß er zum zweiten Mal es retten sollte –
Denn gnug, es ist ein Mensch ...

DAJA   Hört auf, und seht!

NATHAN   Der, der hat sterbend sich zu laben, nichts –
Als das Bewußtsein dieser Tat!

DAJA   Hört auf!
Ihr tötet sie!

NATHAN   Und du hast ihn getötet! –
Hättst so ihn töten können. – Recha! Recha!
Es ist Arznei, nicht Gift, was ich dir reiche.
Er lebt! – komm zu dir! – ist auch wohl nicht krank;
Nicht einmal krank!

RECHA   Gewiß? – nicht tot? nicht krank?

NATHAN
Gewiß, nicht tot! – Denn Gott lohnt Gutes, hier
Getan, auch hier noch. – Geh! – Begreifst du aber,
Wie viel a n d ä c h t i g   s c h w ä r m e n leichter, als
G u t   h a n d e l n ist? wie gern der schlaffste Mensch
Andächtig schwärmt, um nur, – ist er zu Zeiten
Sich schon der Absicht deutlich nicht bewußt –
Um nur gut handeln nicht zu dürfen?

RECHA   Ah,
Mein Vater! laßt, laßt Eure Recha doch
Nie wiederum allein! – Nicht wahr, er kann
Auch wohl verreist nur sein? –

NATHAN   Geht! – Allerdings. –

Ich seh, dort mustert mit neugier'gem Blick
Ein Muselmann mir die beladenen
Kamele. Kennt ihr ihn?

DAJA    Ha! Euer Derwisch.

NATHAN    Wer?

DAJA    Euer Derwisch; Euer Schachgesell!

NATHAN    Al-Hafi? das Al-Hafi?

DAJA    Itzt des Sultans
Schatzmeister.

NATHAN    Wie? Al-Hafi? Träumst du wieder? –
Er ists! – wahrhaftig, ists! – kömmt auf uns zu.
Hinein mit Euch, geschwind! – Was werd' ich hören!


DRITTER AUFTRITT


*Nathan und der Derwisch.*


DERWISCH    Reißt nur die Augen auf, so weit Ihr
könnt!

NATHAN    Bist du's? bist du es nicht? – In dieser Pracht,
Ein Derwisch! …

DERWISCH    Nun? warum denn nicht? Läßt sich
Aus einem Derwisch denn nichts, gar nichts machen?

NATHAN    Ei wohl, genug! – Ich dachte mir nur immer,
Der Derwisch – so der rechte Derwisch – woll'
Aus sich nichts machen lassen.

DERWISCH    Beim Propheten!
Daß ich kein rechter bin, mag auch wohl wahr sein.
Zwar wenn man muß –

NATHAN    Muß! Derwisch! – Derwisch muß?
Kein Mensch muß müssen, und ein Derwisch müßte?
Was müßt' er denn?

DERWISCH  Warum man ihn recht bittet,
Und er für gut erkennt: das muß ein Derwisch.

NATHAN  Bei unserm Gott! da sagst du wahr. – Laß dich
Umarmen, Mensch. – Du bist doch noch mein
Freund?

DERWISCH  Und fragt nicht erst, was ich geworden bin?

NATHAN  Trotz dem, was du geworden!

DERWISCH  Könnt' ich nicht
Ein Kerl im Staat geworden sein, des Freundschaft
Euch ungelegen wäre?

NATHAN  Wenn dein Herz
Noch Derwisch ist, so wag' ichs drauf. Der Kerl
Im Staat, ist nur dein Kleid.

DERWISCH  Das auch geehrt
Will sein. – Was meint Ihr? ratet! – Was wär' ich
An Eurem Hofe?

NATHAN  Derwisch; weiter nichts.
Doch neben her, wahrscheinlich – Koch.

DERWISCH  Nun ja!
Mein Handwerk bei Euch zu verlernen. – Koch!
Nicht Kellner auch? – Gesteht, daß Saladin
Mich besser kennt. – Schatzmeister bin ich bei
Ihm worden.

NATHAN  Du? – bei ihm?

DERWISCH  Versteht:
Des kleinern Schatzes, – denn des größern waltet
Sein Vater noch – des Schatzes für sein Haus.

NATHAN  Sein Haus ist groß.

DERWISCH  Und größer, als Ihr glaubt;
Denn jeder Bettler ist von seinem Hause.

NATHAN  Doch ist den Bettlern Saladin so feind –

DERWISCH  Daß er mit Strumpf und Stiel sie zu vertilgen
Sich vorgesetzt, – und sollt' er selbst darüber
Zum Bettler werden.

NATHAN  Brav! – So mein' ichs eben.

DERWISCH

Er ists auch schon: trotzt einem! – Denn sein Schatz
Ist jeden Tag mit Sonnenuntergang
Viel leerer noch, als leer. Die Flut, so hoch
Sie morgens eintritt, ist des Mittags längst
Verlaufen –

NATHAN  Weil Kanäle sie zum Teil
Verschlingen, die zu füllen oder zu
Verstopfen, gleich unmöglich ist.

DERWISCH  Getroffen!

NATHAN  Ich kenne das!

DERWISCH  Es taugt nun freilich nichts,
wenn Fürsten Geier unter Äsern sind.
Doch sind sie Äser unter Geiern, taugts
Noch zehnmal weniger.

NATHAN  O nicht doch, Derwisch!
Nicht doch!

DERWISCH  Ihr habt gut reden, Ihr! – Kommt an:
Was gebt Ihr mir? so tret' ich meine Stell'
Euch ab.

NATHAN  Was bringt dir deine Stelle?

DERWISCH  Mir?
Nicht viel. Doch Euch, Euch kann sie trefflich
wuchern.
Denn ist es Ebb' im Schatz, – wie öfters ist, –
So zieht Ihr Eure Schleusen auf: schießt vor,
Und nehmt an Zinsen, was Euch nur gefällt.

NATHAN  Auch Zins vom Zins der Zinsen?

DERWISCH  Freilich!

NATHAN  Bis
Mein Kapital zu lauter Zinsen wird.

DERWISCH  Das lockt Euch nicht? – So schreibet unsrer
Freundschaft

Nur gleich den Scheidebrief! Denn wahrlich hab'
Ich sehr auf Euch gerechnet.

NATHAN    Wahrlich? Wie
Denn so? wie so denn?

DERWISCH    Daß Ihr mir mein Amt
Mit Ehren würdet führen helfen; daß
Ich allzeit offne Kasse bei Euch hätte. –
Ihr schüttelt?

NATHAN    Nun, verstehn wir uns nur recht!
Hier giebts zu unterscheiden. – Du? warum
Nicht du? Al-Hafi Derwisch ist zu allem,
Was ich vermag, mir stets willkommen. – Aber
Al-Hafi Defterdar des Saladin,
Der – dem –

DERWISCH    Erriet ichs nicht? Daß Ihr doch immer
So gut als klug, so klug als weise seid! –
Geduld! Was Ihr am Hafi unterscheidet,
Soll bald geschieden wieder sein. – Seht da
Das Ehrenkleid, das Saladin mir gab.
Eh es verschossen ist, eh es zu Lumpen
Geworden, wie sie einen Derwisch kleiden,
Hängts in Jerusalem am Nagel, und
Ich bin am Ganges, wo ich leicht und barfuß
Den heißen Sand mit meinen Lehrern trete.

NATHAN    Dir ähnlich gnug!

DERWISCH    Und Schach mit ihnen spiele.

NATHAN    Dein höchstes Gut!

DERWISCH    Denkt nur, was mich verführte! –
Damit ich selbst nicht länger betteln dürfte?
Den reichen Mann mit Bettlern spielen könnte?
Vermögend wär' im Hui den reichsten Bettler
In einen armen Reichen zu verwandeln?

NATHAN    Das nun wohl nicht.

DERWISCH    Weit etwas abgeschmackters!
Ich fühlte mich zum erstenmal geschmeichelt;
Durch Saladins gutherz'gen Wahn geschmeichelt –
NATHAN    Der war?
DERWISCH    »Ein Bettler wisse nur, wie Bettlern
Zu Mute sei; ein Bettler habe nur
Gelernt, mit guter Weise Bettlern geben.
Dein Vorfahr, sprach er, war mir viel zu kalt,
Zu rauh. Er gab so unhold, wenn er gab;
Erkundigte so ungestüm sich erst
Nach dem Empfänger; nie zufrieden, daß
Er nur den Mangel kenne, wollt' er auch
Des Mangels Ursach wissen, um die Gabe
Nach dieser Ursach filzig abzuwägen.
Das wird Al-Hafi nicht! So unmild mild
Wird Saladin im Hafi nicht erscheinen!
Al-Hafi gleicht verstopften Röhren nicht,
Die ihre klar und still empfangnen Wasser
So unrein und so sprudelnd wieder geben.
Al-Hafi denkt; Al-Hafi fühlt wie ich!« –
So lieblich klang des Voglers Pfeife, bis
Der Gimpel in dem Netze war. – Ich Geck!
Ich eines Gecken Geck!
NATHAN    Gemach, mein Derwisch,
Gemach!
DERWISCH    Ei was! – Es wär' nicht Geckerei,
Bei Hunderttausenden die Menschen drücken,
Ausmärgeln, plündern, martern, würgen; und
Ein Menschenfreund an Einzeln scheinen wollen?
Es wär' nicht Geckerei, des Höchsten Milde,
Die sonder Auswahl über Bös' und Gute
Und Flur und Wüstenei, in Sonnenschein
Und Regen sich verbreitet, – nachzuäffen,

Und nicht des Höchsten immer volle Hand
Zu haben? Was? es wär' nicht Geckerei …

NATHAN    Genug! hör auf!

DERWISCH    Laßt m e i n e r Geckerei
Mich doch nur auch erwähnen! – Was? es wäre
Nicht Geckerei, an solchen Geckereien
Die gute Seite dennoch auszuspüren,
Um Anteil, dieser guten Seite wegen,
An dieser Geckerei zu nehmen? Heh?
Das nicht?

NATHAN    Al-Hafi, mache, daß du bald
In deine Wüste wieder kömmst. Ich fürchte,
Grad' unter Menschen möchtest du ein Mensch
Zu sein verlernen.

DERWISCH    Recht, das fürcht' ich auch.
Lebt wohl!

NATHAN    So hastig? – Warte doch, Al-Hafi.
Entläuft dir denn die Wüste? – Warte doch! –
Daß er mich hörte! – He, Al-Hafi! hier! –
Weg ist er; und ich hätt' ihn noch so gern
Nach unserm Tempelherrn gefragt. Vermutlich,
Daß er ihn kennt.


VIERTER AUFTRITT

*Daja eilig herbei. Nathan.*

DAJA    O Nathan, Nathan!

NATHAN    Nun?
Was giebts?

DAJA    Er läßt sich wieder sehn! Er läßt
Sich wieder sehn!

NATHAN  Wer, Daja? wer?

DAJA  Er! er!

NATHAN

Er? Er? – Wann läßt sich d e r nicht sehn! – Ja so,
Nur euer Er heißt er. – Das sollt' er nicht!
Und wenn er auch ein Engel wäre, nicht!

DAJA  Er wandelt untern Palmen wieder auf
Und ab; und bricht von Zeit zu Zeit sich Datteln.

NATHAN  Sie essend? – und als Tempelherr?

DAJA  Was quält
Ihr mich? – Ihr gierig Aug' erriet ihn hinter
Den dicht verschränkten Palmen schon; und folgt
Ihm unverrückt. Sie läßt Euch bitten, – Euch
Beschwören, – ungesäumt ihn anzugehn.
O eilt! Sie wird Euch aus dem Fenster winken,
Ob er hinauf geht oder weiter ab
Sich schlägt. O eilt!

NATHAN  So wie ich vom Kamele
Gestiegen? – Schickt sich das? – Geh, eile du
Ihm zu; und meld' ihm meine Wiederkunft.
Gieb Acht, der Biedermann hat nur mein Haus
In meinem Absein nicht betreten wollen;
Und kömmt nicht ungern, wenn der Vater selbst
Ihn laden läßt. Geh, sag', ich laß' ihn bitten,
Ihn herzlich bitten …

DAJA  All umsonst! Er kömmt
Euch nicht. – Denn kurz; er kömmt zu keinen Juden.

NATHAN  So geh, geh wenigstens ihn anzuhalten;
Ihn wenigstens mit deinen Augen zu
Begleiten. – Geh, ich komme gleich dir nach.
*Nathan eilet hinein, und Daja heraus.*

## FÜNFTER AUFTRITT

*Scene: ein Platz mit Palmen, unter welchen der Tempelherr auf und nieder geht. Ein Klosterbruder folgt ihm in einiger Entfernung von der Seite, immer als ob er ihn anreden wolle.*

TEMPELHERR

    Der folgt mir nicht vor langer Weile! – Sieh,
    Wie schielt er nach den Händen! – Guter Bruder, –
    Ich kann Euch auch wohl Vater nennen; nicht?

KLOSTERBRUDER

    Nur Bruder – Laienbruder nur; zu dienen.

TEMPELHERR

    Ja, guter Bruder, wer nur selbst was hätte!
    Bei Gott! bei Gott! ich habe nichts –

KLOSTERBRUDER    Und doch

    Recht warmen Dank! Gott geb' Euch tausendfach
    Was Ihr gern geben wolltet. Denn der Wille
    Und nicht die Gabe macht den Geber. – Auch
    Ward ich dem Herrn Almosens wegen gar
    Nicht nachgeschickt.

TEMPELHERR    Doch aber nachgeschickt?

KLOSTERBRUDER    Ja; aus dem Kloster.

TEMPELHERR    Wo ich eben jetzt

    Ein kleines Pilgermahl zu finden hoffte!

KLOSTERBRUDER

    Die Tische waren schon besetzt: komm' aber
    Der Herr nur wieder mit zurück.

TEMPELHERR    Wozu?

    Ich habe Fleisch wohl lange nicht gegessen:
    Allein was tuts? die Datteln sind ja reif.

KLOSTERBRUDER

    Nehm' sich der Herr in Acht mit dieser Frucht.

Zu viel genossen taugt sie nicht; verstopft
Die Milz; macht melancholisches Geblüt.

TEMPELHERR

Wenn ich nun melancholisch gern mich fühlte? –
Doch dieser Warnung wegen wurdet Ihr
Mir doch nicht nachgeschickt?

KLOSTERBRUDER O nein! – Ich soll
Mich nur nach Euch erkunden; auf den Zahn
Euch fühlen.

TEMPELHERR Und das sagt Ihr mir so selbst?

KLOSTERBRUDER

Warum nicht?

TEMPELHERR (Ein verschmitzter Bruder!) – Hat
Das Kloster Eures gleichen mehr?

KLOSTERBRUDER Weiß nicht.
Ich muß gehorchen, lieber Herr.

TEMPELHERR Und da
Gehorcht Ihr denn auch ohne viel zu klügeln?

KLOSTERBRUDER

Wär's sonst gehorchen, lieber Herr?

TEMPELHERR (Daß doch
Die Einfalt immer Recht behält!) – Ihr dürft
Mir doch auch wohl vertrauen, wer mich gern
Genauer kennen möchte? – Daß Ihrs selbst
Nicht seid, will ich wohl schwören.

KLOSTERBRUDER Ziemte mirs?
Und frommte mirs?

TEMPELHERR Wem ziemt und frommt es denn,
Daß er so neubegierig ist? Wem denn?

KLOSTERBRUDER

Dem Patriarchen; muß ich glauben. – Denn
Der sandte mich Euch nach.

TEMPELHERR Der Patriarch!

Kennt der das rote Kreuz auf weißem Mantel
Nicht besser?

KLOSTERBRUDER   Kenn' ja ichs!

TEMPELHERR   Nun, Bruder? nun? –
Ich bin ein Tempelherr; und ein gefang'ner. –
Setz' ich hinzu: gefangen bei Tebnin,
Der Burg, die mit des Stillstands letzter Stunde
Wir gern erstiegen hätten, um sodann
Auf Sidon los zu gehn; – setz' ich hinzu:
Selbzwanzigster gefangen, und allein
Vom Saladin begnadiget: so weiß
Der Patriarch, was er zu wissen braucht; –
Mehr, als er braucht.

KLOSTERBRUDER   Wohl aber schwerlich mehr,
Als er schon weiß. – Er wüßt' auch gern, warum
Der Herr vom Saladin begnadigt worden;
Er ganz allein.

TEMPELHERR   Weiß ich das selber? – Schon
Den Hals entblößt, kniet' ich auf meinem Mantel,
Den Streich erwartend: als mich schärfer Saladin
Ins Auge faßt, mir näher springt, und winkt.
Man hebt mich auf; ich bin entfesselt; will
Ihm danken; seh' sein Aug' in Tränen: stumm
Ist er, bin ich; er geht, ich bleibe. – Wie
Nun das zusammenhängt, enträtsle sich
Der Patriarche selbst.

KLOSTERBRUDER   Er schließt daraus,
Daß Gott zu großen, großen Dingen Euch
Müß' aufbehalten haben.

TEMPELHERR   Ja, zu großen!
Ein Judenmädchen aus dem Feur zu retten;
Auf Sinai neugier'ge Pilger zu
Geleiten; und dergleichen mehr.

KLOSTERBRUDER   Wird schon
  Noch kommen! – Ist inzwischen auch nicht
      übel. –
  Vielleicht hat selbst der Patriarch bereits
  Weit wicht'gere Geschäfte für den Herrn.
TEMPELHERR
  So? meint Ihr, Bruder? – Hat er gar Euch schon
  Was merken lassen?
KLOSTERBRUDER   Ei, ja wohl! – Ich soll
  Den Herrn nur erst ergründen, ob er so
  Der Mann wohl ist.
TEMPELHERR   Nun ja; ergründet nur!
  (Ich will doch sehn, wie der ergründet!) – Nun?
KLOSTERBRUDER
  Das kürzste wird wohl sein, daß ich dem Herrn
  Ganz grade zu des Patriarchen Wunsch
  Eröffne.
TEMPELHERR   Wohl!
KLOSTERBRUDER
  Er hätte durch den Herrn
  Ein Briefchen gern bestellt.
TEMPELHERR   Durch mich? Ich bin
  Kein Bote. – Das, das wäre das Geschäft,
  Das weit glorreicher sei, als Judenmädchen
  Dem Feur entreißen?
KLOSTERBRUDER   Muß doch wohl! Denn – sagt
  Der Patriarch – an diesem Briefchen sei
  Der ganzen Christenheit sehr viel gelegen.
  Dies Briefchen wohl bestellt zu haben, – sagt
  Der Patriarch, – werd' einst im Himmel Gott
  Mit einer ganz besondern Krone lohnen.
  Und dieser Krone, – sagt der Patriarch, –
  Sei niemand würd'ger, als mein Herr.

TEMPELHERR    Als ich?

KLOSTERBRUDER

Denn diese Krone zu verdienen, – sagt
Der Patriarch, – sei schwerlich jemand auch
Geschickter, als mein Herr.

TEMPELHERR    Als ich?

KLOSTERBRUDER    Er sei

Hier frei; könn' überall sich hier besehn;
Versteh', wie eine Stadt zu stürmen und
Zu schirmen; könne, – sagt der Patriarch, –
Die Stärk' und Schwäche der von Saladin
Neu aufgeführten, innern, zweiten Mauer
Am besten schätzen, sie am deutlichsten
Den Streitern Gottes, sagt der Patriarch,
Beschreiben.

TEMPELHERR    Guter Bruder, wenn ich doch
Nun auch des Briefchens nähern Inhalt wüßte.

KLOSTERBRUDER

Ja den, – den weiß ich nun wohl nicht so recht.
Das Briefchen aber ist an König Philipp. –
Der Patriarch – Ich hab' mich oft gewundert
Wie doch ein Heiliger, der sonst so ganz
Im Himmel lebt, zugleich so unterrichtet
Von Dingen dieser Welt zu sein, herab
Sich lassen kann. Es muß ihm sauer werden.

TEMPELHERR    Nun dann? der Patriarch? –

KLOSTERBRUDER    Weiß ganz genau,
Ganz zuverlässig, wie und wo, wie stark,
Von welcher Seite Saladin, im Fall
Es völlig wieder losgeht, seinen Feldzug
Eröffnen wird.

TEMPELHERR    Das weiß er?

KLOSTERBRUDER    Ja und möcht'

Es gern dem König Philipp wissen lassen:
Damit der ungefähr ermessen könne,
Ob die Gefahr denn gar so schrecklich, um
Mit Saladin den Waffenstillestand,
Den Euer Orden schon so brav gebrochen,
Es koste was es wolle, wieder her
Zu stellen.

TEMPELHERR    Welch ein Patriarch! – Ja so!
Der liebe tapfre Mann will mich zu keinem
Gemeinen Boten; er will mich – zum Spion. –
Sagt Euerm Patriarchen, guter Bruder,
So viel Ihr mich ergründen können, wär'
Das meine Sache nicht. – Ich müsse mich
Noch als Gefangenen betrachten; und
Der Tempelherren einziger Beruf
Sei mit dem Schwerte drein zu schlagen, nicht
Kundschafterei zu treiben.

KLOSTERBRUDER    Dacht' ichs doch! –
Wills auch dem Herrn nicht eben sehr verübeln. –
Zwar kömmt das Beste noch. – Der Patriarch
Hiernächst hat ausgegattert, wie die Feste
Sich nennt, und wo auf Libanon sie liegt,
In der die ungeheuern Summen stecken,
Mit welchen Saladins vorsichtger Vater
Das Heer besoldet, und die Zurüstungen
Des Kriegs bestreitet. Saladin verfügt
Von Zeit zu Zeit auf abgelegnen Wegen
Nach dieser Feste sich, nur kaum begleitet. –
Ihr merkt doch?

TEMPELHERR    Nimmermehr!

KLOSTERBRUDER    Was wäre da
Wohl leichter, als des Saladins sich zu
Bemächtigen? den Garaus ihm zu machen? –

Ihr schaudert? – O es haben schon ein Paar
Gottsfürchtge Maroniten sich erboten,
Wenn nur ein wackrer Mann sie führen wolle,
Das Stück zu wagen.

TEMPELHERR  Und der Patriarch
Hätt' auch zu diesem wackern Manne mich
Ersehn?

KLOSTERBRUDER
Er glaubt, daß König Philipp wohl
Von Ptolemais aus die Hand hierzu
Am besten bieten könne.

TEMPELHERR  Mir? mir, Bruder?
Mir? Habt Ihr nicht gehört? nur erst gehört,
Was für Verbindlichkeit dem Saladin
Ich habe?

KLOSTERBRUDFR  Wohl hab ichs gehört.

TEMPELHERR  Und doch?

KLOSTERBRUDER
Ja, – meint der Patriarch, – das wär' schon gut:
Gott aber und der Orden …

TEMPELHERR  Ändern nichts!
Gebieten mir kein Bubenstück!

KLOSTERBRUDER  Gewiß nicht! –
Nur, – meint der Patriarch, – sei Bubenstück
Vor Menschen, nicht auch Bubenstück vor Gott.

TEMPELHERR
Ich wär' dem Saladin mein Leben schuldig:
Und raubt ihm seines?

KLOSTERBRUDER  Pfui! – Doch bliebe, – meint
Der Patriarch, – noch immer Saladin
Ein Feind der Christenheit, der Euer Freund
Zu sein, kein Recht erwerben könne.

TEMPELHERR  Freund?

An dem ich bloß nicht will zum Schurken werden;
Zum undankbaren Schurken?

KLOSTERBRUDER    Allerdings! –

Zwar, – meint der Patriarch, – des Dankes sei
Man quitt, vor Gott und Menschen quitt, wenn uns
Der Dienst um unsertwillen nicht geschehen.
Und da verlauten wolle, – meint der Patriarch, –
Daß Euch nur darum Saladin begnadet,
Weil ihm in Eurer Mien', in Euerm Wesen,
So was von seinem Bruder eingeleuchtet …

TEMPELHERR

Auch dieses weiß der Patriarch; und doch? –
Ah! wäre das gewiß! Ah, Saladin! –
Wie? die Natur hätt' auch nur Einen Zug
Von mir in deines Bruders Form gebildet:
Und dem entspräche nichts in meiner Seele?
Was dem entspräche, könnt ich unterdrücken,
Um einem Patriarchen zu gefallen? –
Natur, so leugst du nicht! So widerspricht
Sich Gott in seinen Werken nicht! – Geht Bruder! –
Erregt mir meine Galle nicht! – Geht! geht!

KLOSTERBRUDER

Ich geh'; und geh' vergnügter, als ich kam.
Verzeihe mir der Herr. Wir Klosterleute
Sind schuldig, unsern Obern zu gehorchen.

## SECHSTER AUFTRITT

*Der Tempelherr und Daja, die den Tempelherrn schon eine Zeit lang von weitem beobachtet hatte, und sich nun ihm nähert.*

DAJA    Der Klosterbruder, wie mich dünkt, ließ in
Der besten Laun' ihn nicht. – Doch muß ich mein
Paket nur wagen.

TEMPELHERR    Nun, vortrefflich! – Lügt
Das Sprichwort wohl: daß Mönch und Weib, und Weib
Und Mönch des Teufels beide Krallen sind?
Er wirft mich heut aus einer in die andre.

DAJA    Was seh' ich? – Edler Ritter, Euch? – Gott Dank!
Gott tausend Dank! – Wo habt Ihr denn
Die ganze Zeit gesteckt? – Ihr seid doch wohl
Nicht krank gewesen?

TEMPELHERR    Nein.

DAJA    Gesund doch?

TEMPELHERR    Ja.

DAJA    Wir waren Euertwegen wahrlich ganz
Bekümmert.

TEMPELHERR    So?

DAJA    Ihr wart gewiß verreist?

TEMPELHERR    Erraten!

DAJA    Und kamt heut erst wieder?

TEMPELHERR    Gestern.

DAJA    Auch Recha's Vater ist heut angekommen.
Und nun darf Recha doch wohl hoffen?

TEMPELHERR    Was?

DAJA    Warum sie Euch so öfters bitten lassen.
Ihr Vater ladet Euch nun selber bald

Aufs dringlichste. Er kömmt von Babylon;
Mit zwanzig hochbeladenen Kamelen,
Und allem, was an edeln Specereien,
An Steinen und an Stoffen, Indien
Und Persien und Syrien, gar Sina,
Kostbares nur gewähren.

TEMPELHERR  Kaufe nichts.

DAJA  Sein Volk verehret ihn als einen Fürsten.
Doch daß es ihn den Weisen Nathan nennt,
Und nicht vielmehr den Reichen, hat mich oft
Gewundert.

TEMPELHERR  Seinem Volk ist reich und weise
Vielleicht das nemliche.

DAJA  Vor allen aber
Hätt's ihn den Guten nennen müssen. Denn
Ihr stellt Euch gar nicht vor, wie gut er ist.
Als er erfuhr, wie viel Euch Recha schuldig:
Was hätt', in diesem Augenblicke, nicht
Er alles Euch getan, gegeben!

TEMPELHERR  Ei!

DAJA  Versuchts und kommt und seht!

TEMPELHERR  Was denn? wie schnell
Ein Augenblick vorüber ist?

DAJA  Hätt' ich,
Wenn er so gut nicht wär', es mir so lange
Bei ihm gefallen lassen? Meint Ihr etwa,
Ich fühle meinen Wert als Christin nicht?
Auch mir wards vor der Wiege nicht gesungen,
Daß ich nur darum meinem Ehgemahl
Nach Palästina folgen würd', um da
Ein Judenmädchen zu erziehn. Es war
Mein lieber Ehgemahl ein edler Knecht
In Kaiser Friedrichs Heere –

TEMPELHERR    Von Geburt

Ein Schweizer, dem die Ehr' und Gnade ward
Mit Seiner Kaiserlichen Majestät
In einem Flusse zu ersaufen. – Weib!
Wie vielmal habt Ihr mir das schon erzehlt?
Hört Ihr denn gar nicht auf mich zu verfolgen?

DAJA    Verfolgen! lieber Gott!

TEMPELHERR    Ja, ja, verfolgen.

Ich will nun einmal Euch nicht weiter sehn!
Nicht hören! Will von Euch an eine Tat
Nicht fort und fort erinnert sein, bei der
Ich nichts gedacht; die, wenn ich drüber denke,
Zum Rätsel von mir selbst mir wird. Zwar möcht'
Ich sie nicht gern bereuen. Aber seht;
Eräugnet so ein Fall sich wieder: Ihr
Seid Schuld, wenn ich so rasch nicht handle; wenn
Ich mich vorher erkund', – und brennen lasse,
Was brennt.

DAJA    Bewahre Gott!

TEMPELHERR    Von heut' an tut

Mir den Gefallen wenigstens, und kennt
Mich weiter nicht. Ich bitt' Euch drum. Auch laßt
Den Vater mir vom Halse. Jud' ist Jude.
Ich bin ein plumper Schwab. Des Mädchens Bild
Ist längst aus meiner Seele; wenn es je
Da war.

DAJA    Doch Eures ist aus ihrer nicht.

TEMPELHERR    Was soll nun aber da? was solls?

DAJA    Wer weiß!

Die Menschen sind nicht immer, was sie scheinen.

TEMPELHERR    Doch selten etwas bessers. *Er geht.*

DAJA    Wartet doch!

Was eilt Ihr?

TEMPELHERR   Weib, macht mir die Palmen nicht
  Verhaßt, worunter ich so gern sonst wandle.
DAJA   So geh', du deutscher Bär! so geh'! – Und doch
  Muß ich die Spur des Tieres nicht verlieren.
  *Sie geht ihm von weiten nach.*

# ZWEITER AUFZUG

## ERSTER AUFTRITT

*Die Scene: des Sultans Pallast.*
*Saladin und Sittah spielen Schach.*

SITTAH   Wo bist du, Saladin? Wie spielst du heut?

SALADIN   Nicht gut? Ich dächte doch.

SITTAH   Für mich; und kaum.
  Nimm diesen Zug zurück.

SALADIN   Warum?

SITTAH   Der Springer
  Wird unbedeckt.

SALADIN   Ist wahr. Nun so!

SITTAH   So zieh'
  Ich in die Gabel.

SALADIN   Wieder wahr. – Schach dann!

SITTAH   Was hilft dir das? Ich setze vor: und du
  Bist, wie du warst.

SALADIN   Aus dieser Klemme, seh'
  Ich wohl, ist ohne Buße nicht zu kommen.
  Mags! nimm den Springer nur.

SITTAH   Ich will ihn nicht.
  Ich geh vorbei.

SALADIN   Du schenkst mir nichts. Dir liegt
  An diesem Platze mehr, als an dem Springer.

SITTAH   Kann sein.

SALADIN   Mach deine Rechnung nur nicht ohne
  Den Wirt. Denn sieh'! Was gilts? das warst du nicht
  Vermuten?

SITTAH Freilich nicht. Wie konnt' ich auch
Vermuten, daß du deiner Königin
So müde wärst?

SALADIN Ich meiner Königin?

SITTAH Ich seh' nun schon: ich soll heut meine tausend
Dinar', kein Naserinchen mehr gewinnen.

SALADIN Wie so?

SITTAH Frag noch! – Weil du mit Fleiß, mit aller
Gewalt verlieren willst. – Doch dabei find'
Ich meine Rechnung nicht. Denn außer, daß
Ein solches Spiel das unterhaltendste
Nicht ist: gewann ich immer nicht am meisten
Mit dir, wenn ich verlor? Wenn hast du mir
Den Satz, mich des verlornen Spieles wegen
Zu trösten, doppelt nicht hernach geschenkt?

SALADIN Ei sieh'! so hättest d u ja wohl, wenn du
Verlorst, mit Fleiß verloren, Schwesterchen?

SITTAH Zum wenigsten kann gar wohl sein, daß deine
Freigebigkeit, mein liebes Brüderchen,
Schuld ist, daß ich nicht besser spielen lernen.

SALADIN Wir kommen ab vom Spiele. Mach ein Ende!

SITTAH
So bleibt es? Nun dann: Schach! und doppelt Schach!

SALADIN Nun freilich; dieses Abschach hab' ich nicht
Gesehn, das meine Königin zugleich
Mit niederwirft.

SITTAH War dem noch abzuhelfen?
Laß sehn.

SALADIN Nein, nein; nimm nur die Königin.
Ich war mit diesem Steine nie recht glücklich.

SITTAH Bloß mit dem Steine?

SALADIN Fort damit! – Das tut
Mir nichts. Denn so ist alles wiederum
Geschützt.

SITTAH    Wie höflich man mit Königinnen
Verfahren müsse: hat mein Bruder mich
Zu wohl gelehrt. *Sie läßt sie stehen.*
SALADIN    Nimm, oder nimm sie nicht!
Ich habe keine mehr.
SITTAH    Wozu sie nehmen?
Schach! – Schach!
SALADIN    Nur weiter.
SITTAH    Schach! – und Schach! – und Schach! –
SALADIN    Und matt!
SITTAH    Nicht ganz; du ziehst den Springer noch
Dazwischen; oder was du machen willst.
Gleichviel!
SALADIN    Ganz recht! – Du hast gewonnen: und
Al-Hafi zahlt. – Man laß ihn rufen! gleich! –
Du hattest, Sittah, nicht so unrecht; ich
War nicht so ganz beim Spiele; war zerstreut.
Und dann: wer giebt uns denn die glatten Steine
Beständig? die an nichts erinnern, nichts
Bezeichnen. Hab' ich mit dem Iman denn
Gespielt? – Doch was? Verlust will Vorwand. Nicht
Die ungeformten Steine, Sittah, sinds
Die mich verlieren machten: deine Kunst,
Dein ruhiger und schneller Blick …
SITTAH    Auch so
Willst du den Stachel des Verlusts nur stumpfen.
Genug, du warst zerstreut; und mehr als ich.
SALADIN    Als du? Was hätte d i c h zerstreuet?
SITTAH    Deine
Zerstreuung freilich nicht! – O Saladin,
Wenn werden wir so fleißig wieder spielen!
SALADIN    So spielen wir um so viel gieriger! –
Ah! weil es wieder los geht, meinst du? – Mags! –

Nur zu! – Ich habe nicht zuerst gezogen;
Ich hätte gern den Stillestand aufs neue
Verlängert; hätte meiner Sittah gern,
Gern einen guten Mann zugleich verschafft.
Und das muß Richards Bruder sein: er ist
Ja Richards Bruder.

SITTAH    Wenn du deinen Richard
Nur loben kannst!

SALADIN    Wenn unserm Bruder Melek
Dann Richards Schwester wär' zu Teile worden:
Ha! welch ein Haus zusammen! Ha, der ersten,
Der besten Häuser in der Welt das beste! –
Du hörst, ich bin mich selbst zu loben, auch
Nicht faul. Ich dünk' mich meiner Freunde wert. –
Das hätte Menschen geben sollen! das!

SITTAH    Hab' ich des schönen Traums nicht gleich
    gelacht?
Du kennst die Christen nicht, willst sie nicht kennen.
Ihr Stolz ist: Christen sein; nicht Menschen. Denn
Selbst das, was, noch von ihrem Stifter her,
Mit Menschlichkeit den Aberglauben wirzt,
Das lieben sie, nicht weil es menschlich ist:
Weils Christus lehrt; weils Christus hat getan. –
Wohl ihnen, daß er ein so guter Mensch
Noch war! Wohl ihnen, daß sie seine Tugend
Auf Treu und Glaube nehmen können! – Doch
Was Tugend? – Seine Tugend nicht; sein Name
Soll überall verbreitet werden; soll
Die Namen aller guten Menschen schänden,
Verschlingen. Um den Namen, um den Namen
Ist ihnen nur zu tun.

SALADIN    Du meinst: warum
Sie sonst verlangen würden, daß auch ihr,

Auch du und Melek, Christen hießet, eh
Als Ehgemahl ihr Christen lieben wolltet?
SITTAH    Ja wohl! Als wär' von Christen nur, als Christen,
Die Liebe zu gewärtigen, womit
Der Schöpfer Mann und Männin ausgestattet!
SALADIN    Die Christen glauben mehr Armseligkeiten,
Als daß sie d i e nicht auch noch glauben könnten! –
Und gleichwohl irrst du dich. – Die Tempelherren,
Die Christen nicht, sind Schuld: sind nicht, als
    Christen,
Als Tempelherren Schuld. Durch die allein
Wird aus der Sache nichts. Sie wollen Acca,
Das Richards Schwester unserm Bruder Melek
Zum Brautschatz bringen müßte, schlechterdings
Nicht fahren lassen. Daß des Ritters Vorteil
Gefahr nicht laufe, spielen sie den Mönch,
Den albern Mönch. Und ob vielleicht im Fluge
Ein guter Streich gelänge: haben sie
Des Waffenstillstandes Ablauf kaum
Erwarten können. – Lustig! Nur so weiter!
Ihr Herren, nur so weiter! – Mir schon recht! –
Wär alles sonst nur, wie es müßte.
SITTAH    Nun?
Was irrte dich denn sonst? Was könnte sonst
Dich aus der Fassung bringen?
SALADIN    Was von je
Mich immer aus der Fassung hat gebracht. –
Ich war auf Libanon, bei unserm Vater.
Er unterlieget fast den Sorgen …
SITTAH    Armer Mann!
SALADIN
Er kann nicht durch; es klemmt sich aller Orten;
Es fehlt bald da, bald dort –

SITTAH    Was klemmt? was fehlt?

SALADIN

Was sonst, als was ich kaum zu nennen würd'ge?
Was, wenn ichs habe, mir so überflüssig,
Und hab' ichs nicht, so unentbehrlich scheint. –
Wo bleibt Al-Hafi denn? Ist niemand nach
Ihm aus? – Das leidige, verwünschte Geld! –
Gut, Hafi, daß du kömmst.


ZWEITER AUFTRITT

*Der Derwisch Al-Hafi. Saladin. Sittah.*

AL-HAFI    Die Gelder aus
Aegypten sind vermutlich angelangt.
Wenns nur fein viel ist.

SALADIN    Hast du Nachricht?

AL-HAFI    Ich?
Ich nicht. Ich denke, daß ich hier sie in
Empfang soll nehmen.

SALADIN    Zahl an Sittah tausend
Dinare! *in Gedanken hin und her gehend.*

AL-HAFI    Zahl! anstatt, empfang! O schön!
Das ist für Was noch weniger als Nichts. –
An Sittah? – wiederum an Sittah? Und
Verloren? – wiederum im Schach verloren? –
Da steht es noch das Spiel!

SITTAH    Du gönnst mir doch
Mein Glück?

AL-HAFI *das Spiel betrachtend:*
Was gönnen? Wenn – Ihr wißt ja wohl

SITTAH *ihm winkend:*    Bst! Hafi! bst!

AL-HAFI *noch auf das Spiel gerichtet:*
Gönnts Euch nur selber erst!

SITTAH    Al-Hafi! bst!

AL-HAFI *zu Sittah:*   Die Weißen waren Euer?
Ihr bietet Schach?

SITTAH    Gut, daß er nichts gehört!

AL-HAFI    Nun ist der Zug an ihm?

SITTAH *ihm näher tretend:*   So sage doch,
Daß ich mein Geld bekommen kann.

AL-HAFI *noch auf das Spiel geheftet:*   Nun ja;
Ihr sollts bekommen, wie Ihrs stets bekommen.

SITTAH    Wie? bist du toll?

AL-HAFI    Das Spiel ist ja nicht aus.
Ihr habt ja nicht verloren, Saladin.

SALADIN *kaum hinhörend:*   Doch! doch! Bezahl! bezahl!

AL-HAFI    Bezahl! bezahl!
Da steht ja Eure Königin.

SALADIN *noch so:*   Gilt nicht;
Gehört nicht mehr ins Spiel.

SITTAH    So mach, und sag,
Daß ich das Geld mir nur kann holen lassen.

AL-HAFI *noch immer in das Spiel vertieft:*
Versteht sich, so wie immer. – Wenn auch schon;
Wenn auch die Königin nichts gilt: Ihr seid
Doch darum noch nicht matt.

SALADIN *tritt hinzu und wirft das Spiel um:*
Ich bin es; will
Es sein.

AL-HAFI    Ja so! – Spiel wie Gewinst! So wie
Gewonnen, so bezahlt.

SALADIN *zu Sittah: Was* sagt er? was?

SITTAH *von Zeit zu Zeit dem Hafi winkend:*
Du kennst ihn ja. Er sträubt sich gern; läßt gern
Sich bitten; ist wohl gar ein wenig neidisch. –

SALADIN

Auf dich doch nicht? Auf meine Schwester nicht? –
Was hör' ich, Hafi? Neidisch? du?

AL-HAFI   Kann sein!

Kann sein! – Ich hätt' ihr Hirn wohl lieber selbst;
Wär' lieber selbst so gut, als sie.

SITTAH   Indes

Hat er doch immer richtig noch bezahlt.
Und wird auch heut' bezahlen. Laß ihn nur! –
Geh nur, Al-Hafi, geh! Ich will das Geld
Schon holen lassen.

AL-HAFI   Nein; ich spiele länger

Die Mummerei nicht mit. Er muß es doch
Einmal erfahren.

SALADIN   Wer? und was?

SITTAH   Al-Hafi!

Ist dieses dein Versprechen? Hältst du so
Mir Wort?

AL-HAFI   Wie konnt' ich glauben, daß es so

Weit gehen würde.

SALADIN   Nun? erfahr ich nichts?

SITTAH   Ich bitte dich, Al-Hafi; sei bescheiden.

SALADIN   Das ist doch sonderbar! Was könnte Sittah

So feierlich, so warm bei einem Fremden,
Bei einem Derwisch lieber, als bei mir,
Bei ihrem Bruder sich verbitten wollen.
Al-Hafi, nun befehl ich. – Rede, Derwisch!

SITTAH   Laß eine Kleinigkeit, mein Bruder, dir

Nicht näher treten, als sie würdig ist.
Du weißt, ich habe zu verschiednen Malen
Dieselbe Summ' im Schach von dir gewonnen.
Und weil ich itzt das Geld nicht nötig habe;
Weil itzt in Hafis Kasse doch das Geld

Nicht eben allzuhäufig ist: so sind
Die Posten stehn geblieben. Aber sorgt
Nur nicht! Ich will sie weder dir, mein Bruder,
Noch Hafi, noch der Kasse schenken.

AL-HAFI  Ja,
Wenns das nur wäre! das!

SITTAH  Und mehr dergleichen. –
Auch das ist in der Kasse stehn geblieben,
Was du mir einmal ausgeworfen; ist
Seit wenig Monden stehn geblieben.

AL-HAFI  Noch
Nicht alles.

SALADIN  Noch nicht? – Wirst du reden?

AL-HAFI  Seit aus Aegypten wir das Geld erwarten,
Hat sie …

SITTAH  *zu Saladin:*
Wozu ihn hören?

AL-HAFI  Nicht nur Nichts
Bekommen

SALADIN  Gutes Mädchen! – Auch beiher
Mit vorgeschossen. Nicht?

AL-HAFI  Den ganzen Hof
Erhalten; Euern Aufwand ganz allein
Bestritten.

SALADIN  Ha! das, das ist meine Schwester! *sie umarmend.*

SITTAH  Wer hatte, dies zu können, mich so reich
Gemacht, als du, mein Bruder?

AL-HAFI  Wird schon auch
So bettelarm sie wieder machen, als
Er selber ist.

SALADIN  Ich arm? der Bruder arm?
Wenn hab' ich mehr? wenn weniger gehabt? –
Ein Kleid, Ein Schwert, Ein Pferd, – und Einen Gott!

Was brauch' ich mehr? Wenn kanns an dem mir
   fehlen?
Und doch, Al-Hafi, könnt' ich mit dir schelten.

SITTAH

Schilt nicht, mein Bruder. Wenn ich unserm Vater
Auch seine Sorgen so erleichtern könnte!

SALADIN    Ah! Ah! Nun schlägst du meine Freudigkeit
Auf einmal wieder nieder! – Mir, für mich
Fehlt nichts, und kann nichts fehlen, Aber ihm,
Ihm fehlet; und in ihm uns allen. – Sagt,
Was soll ich machen? – Aus Aegypten kommt
Vielleicht noch lange nichts. Woran das liegt,
Weiß Gott. Es ist doch da noch alles ruhig. –
Abbrechen, einziehn, sparen, will ich gern,
Mir gern gefallen lassen; wenn es mich,
Bloß mich betrifft; bloß mich, und niemand sonst
Darunter leidet. – Doch was kann das machen?
Ein Pferd, Ein Kleid, Ein Schwert, muß ich doch
   haben.
Und meinem Gott ist auch nichts abzudingen.
Ihm gnügt schon so mit wenigen genug;
Mit meinem Herzen. – Auf den Überschuß
Von deiner Kasse, Hafi, hatt' ich sehr
Gerechnet.

AL-HAFI    Überschuß? – Sagt selber, ob
Ihr mich nicht hättet spießen, wenigstens
Mich hängen lassen, wenn auf Überschuß
Ich von Euch wär' ergriffen worden. Ja,
Auf Unterschleif! das war zu wagen.

SALADIN    Nun,
Was machen wir denn aber? – Konntest du
Vor erst bei niemand andern borgen, als
Bei Sittah?

SITTAH    Würd' ich dieses Vorrecht, Bruder,
Mir haben nehmen lassen? Mir von ihm?
Auch noch besteh' ich drauf. Noch bin ich auf
Dem Trocknen völlig nicht.

SALADIN    Nur völlig nicht!
Das fehlte noch! – Geh gleich, mach Anstalt, Hafi!
Nimm auf bei wem du kannst! und wie du kannst!
Geh, borg, versprich. – Nur, Hafi, borge nicht
Bei denen, die ich reich gemacht. Denn borgen
Von diesen, möchte wiederfodern heißen.
Geh zu den Geizigsten; die werden mir
Am liebsten leihen. Denn sie wissen wohl,
Wie gut ihr Geld in meinen Händen wuchert.

AL-HAFI    Ich kenne deren keine.

SITTAH    Eben fällt
Mir ein, gehört zu haben, Hafi, daß
Dein Freund zurückgekommen.

AL-HAFI *betroffen:*    Freund? mein Freund?
Wer wär' denn das?

SITTAH    Dein hochgepriesner Jude.

AL-HAFI    Gepriesner Jude? hoch von mir?

SITTAH    Dem Gott, –
Mich denkt des Ausdrucks noch recht wohl, des einst
Du selber dich von ihm bedientest, – dem
Sein Gott von allen Gütern dieser Welt
Das Kleinst' und Größte so in vollem Maß
Erteilet habe. –

AL-HAFI    Sagt' ich so? – Was meint'
Ich denn damit?

SITTAH    Das Kleinste: Reichtum. Und
Das Größte: Weisheit.

AL-HAFI    Wie? von einem Juden?
Von einem Juden hätt' ich das gesagt?

SITTAH    Das hättest du von deinem Nathan nicht
  Gesagt?
AL-HAFI    Ja so! von dem! vom Nathan! – Fiel
  Mir der doch gar nicht bei. – Wahrhaftig? Der
  Ist endlich wieder heim gekommen? Ei!
  So mags doch gar so schlecht mir ihm nicht stehn. –
  Ganz recht: den nannt' einmal das Volk den Weisen!
  Den Reichen auch.
SITTAH    Den Reichen nennt es ihn
  Itzt mehr als je. Die ganze Stadt erschallt,
  Was er für Kostbarkeiten, was für Schätze,
  Er mitgebracht.
AL-HAFI    Nun, ists der Reiche wieder:
  So wirds auch wohl der Weise wieder sein.
SITTAH    Was meinst du, Hafi, wenn du diesen angingst?
AL-HAFI
  Und was bei ihm? – Doch wohl nicht borgen? – Ja,
  Da kennt Ihr ihn. – Er borgen! – Seine Weisheit
  Ist eben, daß er niemand borgt.
SITTAH    Du hast
  Mir sonst doch ganz ein ander Bild von ihm
  Gemacht.
AL-HAFI    Zur Not wird er Euch Waren borgen,
  Geld aber, Geld? Geld nimmermehr! – Es ist
  Ein Jude freilich übrigens, wie's nicht
  Viel Juden giebt. Er hat Verstand; er weiß
  Zu leben; spielt gut Schach. Doch zeichnet er
  Im Schlechten sich nicht minder, als im Guten
  Von allen andern Juden aus. – Auf den,
  Auf den nur rechnet nicht. – Den Armen giebt
  Er zwar; und giebt vielleicht Trotz Saladin.
  Wenn schon nicht ganz so viel: doch ganz so gern;
  Doch ganz so sonder Ansehn. Jud' und Christ

Und Muselmann und Parsi, alles ist
Ihm eins.

SITTAH     Und so ein Mann ...

SALADIN     Wie kommt es denn,
Daß ich von diesem Manne nie gehört? ...

SITTAH     Der sollte Saladin nicht borgen? nicht
Dem Saladin, der nur für andre braucht,
Nicht sich?

AL-HAFI     Da seht nun gleich den Juden wieder;
Den ganz gemeinen Juden! – Glaubt mirs doch! –
Er ist aufs Geben Euch so eifersüchtig,
So neidisch! Jedes L o h n   v o n   G o t t, das in
Der Welt gesagt wird, zög' er lieber ganz
Allein. Nur darum eben leiht er keinem,
Damit er stets zu geben habe. Weil
Die Mild' ihm im Gesetz geboten; die
Gefälligkeit ihm aber nicht geboten: macht
Die Mild' ihn zu dem ungefälligsten
Gesellen auf der Welt. Zwar bin ich seit
Geraumer Zeit ein wenig übern Fuß
Mit ihm gespannt; doch denkt nur nicht, daß ich
Ihm darum nicht Gerechtigkeit erzeige.
Er ist zu allem gut: bloß dazu nicht;
Bloß dazu wahrlich nicht. Ich will auch gleich
Nur gehn, an andre Türen klopfen ... Da
Besinn' ich mich so eben eines Mohren,
Der reich und geizig ist. – Ich geh'; ich geh'.

SITTAH     Was eilst du, Hafi?

SALADIN     Laß ihn! laß ihn!

# DRITTER AUFTRITT

*Sittah. Saladin.*

SITTAH   Eilt
Er doch, als ob er mir nur gern entkäme! –
Was heißt das? – Hat er wirklich sich in ihm
Betrogen, oder – möcht' er uns nur gern
Betriegen?

SALADIN   Wie? das fragst du mich? Ich weiß
Ja kaum, von wem die Rede war; und höre
Von euerm Juden, euerm Nathan, heut'
Zum erstenmal.

SITTAH   Ists möglich? daß ein Mann
Dir so verborgen blieb, von dem es heißt,
Er habe Salomons und Davids Gräber
Erforscht, und wisse deren Siegel durch
Ein mächtiges geheimes Wort zu lösen?
Aus ihnen bring' er dann von Zeit zu Zeit
Die unermeßlichen Reichtümer an
Den Tag, die keinen mindern Quell verrieten.

SALADIN
Hat seinen Reichtum dieser Mann aus Gräbern,
So warens sicherlich nicht Salomons
Nicht Davids Gräber. Narren lagen da
Begraben!

SITTAH   Oder Bösewichter! – Auch
Ist seines Reichtums Quelle weit ergiebiger,
Weit unerschöpflicher, als so ein Grab
Voll Mammon.

SALADIN   Denn er handelt; wie ich hörte.

SITTAH   Sein Saumtier treibt auf allen Straßen, zieht
Durch alle Wüsten; seine Schiffe liegen

In allen Häfen. Das hat mir wohl eh
Al-Hafi selbst gesagt; und voll Entzücken
Hinzugefügt, wie groß, wie edel dieser
Sein Freund anwende, was so klug und emsig
Er zu erwerben für zu klein nicht achte:
Hinzugefügt, wie frei von Vorurteilen
Sein Geist; sein Herz wie offen jeder Tugend,
Wie eingestimmt mit jeder Schönheit sei.

SALADIN    Und itzt sprach Hafi doch so ungewiß,
So kalt von ihm.

SITTAH    Kalt nun wohl nicht; verlegen.
Als halt' ers für gefährlich, ihn zu loben,
Und woll' ihn unverdient doch auch nicht tadeln. –
Wie? oder wär' es wirklich so, daß selbst
Der Beste seines Volkes seinem Volke
Nicht ganz entfliehen kann? daß wirklich sich
Al-Hafi seines Freund's von dieser Seite
Zu schämen hätte? – Sei dem, wie ihm wolle! –
Der Jude sei mehr oder weniger
Als Jud', ist er nur reich: genug für uns!

SALADIN    Du willst ihm aber doch das Seine mit
Gewalt nicht nehmen, Schwester?

SITTAH    Ja, was heißt
Bei dir Gewalt? Bei Feu'r und Schwert? Nein, nein,
Was braucht es mit den Schwachen für Gewalt,
Als ihre Schwäche? – Komm vor itzt nur mit
In meinen Haram, eine Sängerin
Zu hören, die ich gestern erst gekauft.
Es reift indes bei mir vielleicht ein Anschlag,
Den ich auf diesen Nathan habe. – Komm!

## VIERTER AUFTRITT

*Scene:*
*vor dem Hause des Nathan, wo es an die Palmen stößt.*
*Recha und Nathan kommen heraus.*
*Zu ihnen Daja.*

RECHA  Ihr habt Euch sehr verweilt, mein Vater. Er
  Wird kaum noch mehr zu treffen sein.
NATHAN  Nun, nun;
  Wenn hier, hier untern Palmen schon nicht mehr:
  Doch anderwärts. – Sei itzt nur ruhig. – Sieh!
  Kömmt dort nicht Daja auf uns zu?
RECHA  Sie wird
  Ihn ganz gewiß verloren haben.
NATHAN  Auch
  Wohl nicht.
RECHA  Sie würde sonst geschwinder kommen.
NATHAN  Sie hat uns wohl noch nicht gesehn …
RECHA  Nun sieht
  Sie uns.
NATHAN  Und doppelt ihre Schritte. Sieh! –
  Sei doch nur ruhig! ruhig!
RECHA  Wolltet Ihr
  Wohl eine Tochter, die hier ruhig wäre?
  Sich unbekümmert ließe, wessen Wohltat
  Ihr Leben sei? Ihr Leben, – das ihr nur
  So lieb, weil sie es Euch zu erst verdanket.
NATHAN  Ich möchte dich nicht anders, als du bist:
  Auch wenn ich wüßte, daß in deiner Seele
  Ganz etwas anders noch sich rege.
RECHA  Was,
  Mein Vater?

NATHAN   Fragst du mich? so schüchtern mich?
Was auch in deinem Innern vorgeht, ist
Natur und Unschuld. Laß es keine Sorge
Dir machen. Mir, mir macht es keine. Nur
Versprich mir: wenn dein Herz vernehmlicher
Sich einst erklärt, mir seiner Wünsche keinen
Zu bergen.

RECHA   Schon die Möglichkeit, mein Herz
Euch lieber zu verhüllen, macht mich zittern.

NATHAN   Nichts mehr hiervon! Das ein für allemal
Ist abgetan. – Da ist ja Daja. – Nun?

DAJA   Noch wandelt er hier untern Palmen; und
Wird gleich um jene Mauer kommen. – Seht,
Da kömmt er!

RECHA   Ah! und scheinet unentschlossen,
Wohin? ob weiter? ob hinab? ob rechts?
Ob links?

DAJA   Nein, nein; er macht den Weg ums Kloster
Gewiß noch öfter; und denn muß er hier
Vorbei. – Was gilts?

RECHA   Recht! recht! – Hast du ihn schon
Gesprochen? Und wie ist er heut?

DAJA   Wie immer.

NATHAN   So macht nur, daß er euch hier nicht gewahr
Wird. Tretet mehr zurück. Geht lieber ganz
Hinein.

RECHA   Nur einen Blick noch! – Ah! die Hecke,
Die mir ihn stiehlt.

DAJA   Kommt! kommt! Der Vater hat
Ganz recht. Ihr lauft Gefahr, wenn er Euch sieht,
Daß auf der Stell' er umkehrt.

RECHA   Ah! die Hecke!

NATHAN   Und kömmt er plötzlich dort aus ihr hervor:

So kann er anders nicht, er muß euch sehn.
Drum geht doch nur!

DAJA    Kommt! kommt! Ich weiß ein Fenster,
Aus dem wir sie bemerken können.

RECHA    Ja?
*beide hinein.*


## FÜNFTER AUFTRITT

*Nathan und bald darauf der Tempelherr.*


NATHAN
Fast scheu' ich mich des Sonderlings. Fast macht
Mich seine rauhe Tugend stutzen. Daß
Ein Mensch doch einen Menschen so verlegen
Soll machen können! – Ha! er kömmt. – Bei Gott!
Ein Jüngling wie ein Mann. Ich mag ihn wohl
Den guten, trotzgen Blick! den drallen Gang!
Die Schale kann nur bitter sein: der Kern
Ists sicher nicht. – Wo sah' ich doch dergleichen? –
Verzeihet, edler Franke …

TEMPELHERR    Was?

NATHAN    Erlaubt …

TEMPELHERR    Was, Jude? was?

NATHAN    Daß ich mich untersteh',
Euch anzureden.

TEMPELHERR    Kann ichs wehren? Doch
Nur kurz.

NATHAN    Verzieht, und eilet nicht so stolz,
Nicht so verächtlich einem Mann vorüber,
Den Ihr auf ewig Euch verbunden habt.

TEMPELHERR
Wie das? – Ah, fast errat' ichs. Nicht? Ihr seid …

NATHAN   Ich heiße Nathan; bin des Mädchens Vater,
Das Eure Großmut aus dem Feu'r gerettet;
Und komme …

TEMPELHERR   Wenn zu danken: – sparts! Ich hab'
Um diese Kleinigkeit des Dankes schon
Zu viel erdulden müssen. – Vollends Ihr,
Ihr seid mir gar nichts schuldig. Wußt' ich denn,
Daß dieses Mädchen Eure Tochter war?
Es ist der Tempelherren Pflicht, dem Ersten
Dem Besten beizuspringen, dessen Not
Sie sehn. Mein Leben war mir ohnedem
In diesem Augenblicke lästig. Gern,
Sehr gern ergriff ich die Gelegenheit,
Es für ein andres Leben in die Schanze
Zu schlagen: für ein andres – wenns auch nur
Das Leben einer Jüdin wäre.

NATHAN   Groß!
Groß und abscheulich! – Doch die Wendung läßt
Sich denken. Die bescheidne Größe flüchtet
Sich hinter das Abscheuliche, um der
Bewundrung auszuweichen. – Aber wenn
Sie so das Opfer der Bewunderung
Verschmäht: was für ein Opfer denn verschmäht
Sie minder? – Ritter, wenn Ihr hier nicht fremd,
Und nicht gefangen wäret, würd' ich Euch
So dreist nicht fragen. Sagt, befehlt: womit
Kann man Euch dienen?

TEMPELHERR   Ihr? Mit nichts.

NATHAN   Ich bin
Ein reicher Mann.

TEMPELHERR   Der reiche Jude war
Mir nie der beßre Jude.

NATHAN   Dürft Ihr denn

Darum nicht nützen, was dem ungeachtet
Er beßres hat? nicht seinen Reichtum nützen?

TEMPELHERR
Nun gut, das will ich auch nicht ganz verreden;
Um meines Mantels willen nicht. Sobald
Der ganz und gar verschlissen; weder Stich
Noch Fetze länger halten will: komm' ich
Und borge mir bei Euch zu einem neuen,
Tuch oder Geld. – Seht nicht mit eins so finster!
Noch seid Ihr sicher; noch ists nicht so weit
Mit ihm. Ihr seht; er ist so ziemlich noch
Im Stande. Nur der eine Zipfel da
Hat einen garstgen Fleck; er ist versengt.
Und das bekam er, als ich Eure Tochter
Durchs Feuer trug.

NATHAN *der nach dem Zipfel greift und ihn betrachtet:*
Es ist doch sonderbar,
Daß so ein böser Fleck, daß so ein Brandmal
Dem Mann ein beßres Zeugnis redet, als
Sein eigner Mund. Ich möcht ihn küssen
gleich –
Den Flecken! – Ah, verzeiht! – Ich tat es ungern.

TEMPELHERR   Was?

NATHAN   Eine Träne fiel darauf.

TEMPELHERR   Tut nichts!
Er hat der Tropfen mehr. – (Bald aber fängt
Mich dieser Jud' an zu verwirren.)

NATHAN   Wär't
Ihr wohl so gut, und schicktet Euern Mantel
Auch einmal meinem Mädchen?

TEMPELHERR   Was damit?

NATHAN
Auch ihren Mund auf diesen Fleck zu drücken.

Denn Eure Kniee selber zu umfassen,
Wünscht sie nun wohl vergebens.

TEMPELHERR     Aber, Jude –
Ihr heißet Nathan? – Aber, Nathan – Ihr
Setzt Eure Worte sehr – sehr gut – sehr spitz –
Ich bin betreten – Allerdings – ich hätte …

NATHAN
Stellt und verstellt Euch, wie Ihr wollt. Ich find'
Auch hier Euch aus. Ihr wart zu gut, zu bieder,
Um höflicher zu sein. – Das Mädchen, ganz
Gefühl; der weibliche Gesandte, ganz
Dienstfertigkeit; der Vater weit entfernt –
Ihr trugt für ihren guten Namen Sorge;
Floht ihre Prüfung; floht, um nicht zu siegen.
Auch dafür dank' ich Euch –

TEMPELHERR     Ich muß gestehn,
Ihr wißt, wie Tempelherren denken sollten.

NATHAN     Nur Tempelherren? s o l l t e n bloß? und bloß
Weil es die Ordensregeln so gebieten?
Ich weiß, wie gute Menschen denken; weiß,
Daß alle Länder gute Menschen tragen.

TEMPELHERR     Mit Unterschied, doch hoffentlich?

NATHAN     Ja wohl;
An Farb', an Kleidung, an Gestalt verschieden.

TEMPELHERR
Auch hier bald mehr, bald weniger, als dort.

NATHAN     Mit diesem Unterschied ists nicht weit her.
Der große Mann braucht überall viel Boden;
Und mehrere, zu nah gepflanzt, zerschlagen
Sich nur die Äste. Mittelgut, wie wir,
Findt sich hingegen überall in Menge.
Nur muß der eine nicht den andern mäckeln.
Nur muß der Knorr den Knuppen hübsch vertragen.

Nur muß ein Gipfelchen sich nicht vermessen,
Daß es allein der Erde nicht entschossen.

TEMPELHERR

Sehr wohl gesagt! – Doch kennt Ihr auch das Volk,
Das diese Menschenmäckelei zu erst
Getrieben? Wißt Ihr, Nathan, welches Volk
Zu erst das auserwählte Volk sich nannte?
Wie? wenn ich dieses Volk nun, zwar nicht haßte,
Doch wegen seines Stolzes zu verachten,
Mich nicht entbrechen könnte? Seines Stolzes;
Den es auf Christ und Muselmann vererbte,
Nur sein Gott sei der rechte Gott! – Ihr stutzt,
Daß ich, ein Christ, ein Tempelherr, so rede?
Wenn hat, und wo die fromme Raserei,
Den bessern Gott zu haben, diesen bessern,
Der ganzen Welt als besten aufzudringen,
In ihrer schwärzesten Gestalt sich mehr
Gezeigt, als hier, als itzt? Wem hier, wem itzt
Die Schuppen nicht vom Auge fallen – Doch
Sei blind, wer will! – Vergeßt, was ich gesagt;
Und laßt mich! *will gehen.*

NATHAN    Ha! Ihr wißt nicht, wie viel fester
Ich nun mich an Euch drängen werde. – Kommt,
Wir müssen, müssen Freunde sein! – Verachtet
Mein Volk so sehr Ihr wollt. Wir haben beide
Uns unser Volk nicht auserlesen. Sind
Wir unser Volk? Was heißt denn Volk?
Sind Christ und Jude eher Christ und Jude,
Als Mensch? Ah! wenn ich einen mehr in Euch
Gefunden hätte, dem es gnügt, ein Mensch
Zu heißen!

TEMPELHERR    Ja, bei Gott, das habt Ihr, Nathan!
Das habt Ihr! – Eure Hand! – Ich schäme mich
Euch einen Augenblick verkannt zu haben.

NATHAN    Und ich bin stolz darauf. Nur das Gemeine
    Verkennt man selten.
TEMPELHERR    Und das Seltene
    Vergißt man schwerlich. – Nathan, ja;
    Wir müssen, müssen Freunde werden.
NATHAN    Sind
    Es schon. – Wie wird sich meine Recha freuen! –
    Und ah! welch eine heitre Ferne schließt
    Sich meinen Blicken auf? – Kennt sie nur erst!
TEMPELHERR
    Ich brenne vor Verlangen – Wer stürzt dort
    Aus Euerm Hause? Ists nicht ihre Daja?
NATHAN    Ja wohl. So ängstlich?
TEMPELHERR    Unsrer Recha ist
    Doch nichts begegnet?


SECHSTER AUFTRITT

*Die Vorigen und Daja eilig.*

DAJA    Nathan! Nathan!
NATHAN    Nun?
DAJA    Verzeihet, edler Ritter, daß ich Euch
    Muß unterbrechen.
NATHAN    Nun, was ists?
TEMPELHERR    Was ists?
DAJA    Der Sultan hat geschickt. Der Sultan will
    Euch sprechen. Gott, der Sultan!
NATHAN    Mich? der Sultan?
    Er wird begierig sein, zu sehen, was
    Ich Neues mitgebracht. Sag nur, es sei
    Noch wenig oder gar nichts ausgepackt.

DAJA

Nein, nein; er will nichts sehen; will Euch sprechen,
Euch in Person, und bald; sobald Ihr könnt.

NATHAN   Ich werde kommen. – Geh nur wieder, geh!

DAJA   Nehmt ja nicht übel auf, gestrenger Ritter. –
Gott, wir sind so bekümmert, was der Sultan
Doch will.

NATHAN   Das wird sich zeigen. Geh nur, geh!


SIEBENDER AUFTRITT

*Nathan und der Tempelherr.*


TEMPELHERR

So kennt Ihr ihn noch nicht? – ich meine, von Person.

NATHAN   Den Saladin? Noch nicht. Ich habe
Ihn nicht vermieden, nicht gesucht zu kennen.
Der allgemeine Ruf sprach viel zu gut
Von ihm, daß ich nicht lieber glauben wollte,
Als sehn. Doch nun, – wenn anders dem so ist, –
Hat er durch Sparung Eures Lebens …

TEMPELHERR   Ja;
Dem allerdings ist so. Das Leben, das
Ich leb', ist sein Geschenk.

NATHAN   Durch das er mir
Ein doppelt, dreifach Leben schenkte. Dies
Hat alles zwischen uns verändert; hat
Mit eins ein Seil mir umgeworfen, das
Mich seinem Dienst auf ewig fesselt. Kaum,
Und kaum, kann ich es nun erwarten, was
er mir zuerst befehlen wird. Ich bin
Bereit zu allen; bin bereit ihm zu
Gestehn, daß ich es Euertwegen bin.

TEMPELHERR

Noch hab ich selber ihm nicht danken können:
So oft ich auch ihm in den Weg getreten.
Der Eindruck, den ich auf ihn machte, kam
So schnell, als schnell er wiederum verschwunden.
Wer weiß, ob er sich meiner gar erinnert.
Und dennoch muß er, einmal wenigstens,
Sich meiner noch erinnern, um mein Schicksal
Ganz zu entscheiden. Nicht genug, daß ich
Auf sein Geheiß noch bin, m i t seinem Willen
Noch leb': ich muß nun auch von ihm erwarten,
N a c h wessen Willen ich zu leben habe.

NATHAN

Nicht anders; um so mehr will ich nicht säumen. –
Es fällt vielleicht ein Wort, das mir, auf Euch
Zu kommen, Anlaß giebt. – Erlaubt, verzeiht –
Ich eile – Wenn, wenn aber sehn wir Euch
Bei uns?

TEMPELHERR    Sobald ich darf.

NATHAN    So bald Ihr wollt.

TEMPELHERR    Noch heut.

NATHAN    Und Euer Name? – muß ich bitten.

TEMPELHERR

Mein Name war – ist Curd von Stauffen. – Curd!

NATHAN    Von Stauffen? – Stauffen? – Stauffen?

TEMPELHERR    Warum fällt

Euch das so auf?

NATHAN    Von Stauffen? – Des Geschlechts
Sind wohl schon mehrere …

TEMPELHERR    O ja! hier waren,
Hier faulen des Geschlechts schon mehrere.
Mein Oheim selbst, – mein Vater will ich sagen, –
Doch warum schärft sich Euer Blick auf mich
Je mehr und mehr?

NATHAN     O nichts! o nichts! Wie kann
Ich Euch zu sehn ermüden?

TEMPELHERR     Drum verlaß
Ich Euch zuerst. Der Blick des Forschers fand
Nicht selten mehr, als er zu finden wünschte.
Ich fürcht' ihn, Nathan. Laßt die Zeit allmählig,
Und nicht die Neugier, unsre Kundschaft machen.
*Er geht.*

NATHAN *der ihm mit Erstaunen nachsieht:*
»Der Forscher fand nicht selten mehr, als er
Zu finden wünschte.« – Ist es doch, als ob
In meiner Seel' er lese! – Wahrlich ja;
Das könnt auch mir begegnen. – Nicht allein
Wolfs Wuchs, Wolfs Gang: auch seine Stimme. So,
Vollkommen so, warf Wolf sogar den Kopf;
Trug Wolf sogar das Schwert im Arm'; strich Wolf
Sogar die Augenbraunen mit der Hand,
Gleichsam das Feuer seines Blicks zu bergen. –
Wie solche tiefgeprägte Bilder doch
Zu Zeiten in uns schlafen können, bis
Ein Wort, ein Laut sie weckt. – Von Stauffen! –
Ganz recht, ganz recht; Filnek und Stauffen. –
Ich will das bald genauer wissen; bald.
Nur erst zum Saladin. – Doch wie? lauscht dort
Nicht Daja? – Nun so komm nur näher, Daja.

## ACHTER AUFTRITT

*Daja. Nathan.*

NATHAN

    Was gilts? nun drückts euch beiden schon das Herz,
    Noch ganz was anders zu erfahren, als
    Was Saladin mir will.

DAJA    Verdenkt Ihrs ihr?
    Ihr fingt so eben an, vertraulicher
    Mit ihm zu sprechen: als des Sultans Botschaft
    Uns von dem Fenster scheuchte.

NATHAN    Nun so sag
    Ihr nur, daß sie ihn jeden Augenblick
    Erwarten darf.

DAJA    Gewiß? gewiß?

NATHAN    Ich kann
    Mich doch auf dich verlassen, Daja? Sei
    Auf deiner Hut; ich bitte dich. Es soll
    Dich nicht gereuen. Dein Gewissen selbst
    Soll seine Rechnung dabei finden. Nur
    Verdirb mir nichts in meinem Plane. Nur
    Erzähl und frage mit Bescheidenheit,
    Mit Rückhalt …

DAJA    Daß Ihr doch noch erst, so was
    Erinnern könnt! – Ich geh; geht Ihr nur auch.
    Denn seht! ich glaube gar, da kömmt vom Sultan
    Ein zweiter Bot', Al-Hafi, Euer Derwisch. *geht ab.*

## NEUNTER AUFTRITT

*Nathan. Al-Hafi.*

AL-HAFI    Ha! ha! zu Euch wollt ich nun eben wieder.

NATHAN    Ists denn so eilig? Was verlangt er denn
  Von mir?

AL-HAFI    Wer?

NATHAN    Saladin. – Ich komm', ich komme.

AL-HAFI    Zu wem? Zum Saladin?

NATHAN    Schickt Saladin
  Dich nicht?

AL-HAFI    Mich? nein. Hat er denn schon geschickt?

NATHAN    Ja freilich hat er.

AL-HAFI    Nun, so ist es richtig.

NATHAN    Was? was ist richtig?

AL-HAFI    Daß – ich bin nicht Schuld;
  Gott weiß, ich bin nicht Schuld. – Was hab ich nicht
  Von Euch gesagt, gelogen, um es abzuwenden!

NATHAN    Was abzuwenden? Was ist richtig?

AL-HAFI    Daß
  Nun Ihr sein Defterdar geworden. Ich
  Betaur' Euch. Doch mit ansehn will ichs nicht.
  Ich geh von Stund an; geh, Ihr habt es schon
  Gehört, wohin; und wißt den Weg. – Habt Ihr
  Des Wegs was zu bestellen, sagt: ich bin
  Zu Diensten. Freilich muß es mehr nicht sein,
  Als was ein Nackter mit sich schleppen kann.
  Ich geh, sagt bald.

NATHAN    Besinn dich doch, Al-Hafi.
  Besinn dich, daß ich noch von gar nichts weiß.
  Was plauderst du denn da?

AL-HAFI    Ihr bringt sie doch
  Gleich mit, die Beutel?

NATHAN    Beutel?

AL-HAFI    Nun, das Geld,
Das Ihr dem Saladin vorschießen sollt.

NATHAN    Und weiter ist es nichts?

AL-HAFI    Ich sollt es wohl
Mit ansehn, wie er Euch von Tag zu Tag
Aushöhlen wird bis auf die Zehen? Sollt'
Es wohl mir ansehn, daß Verschwendung aus
Der weisen Milde sonst nie leeren Scheuern
So lange borgt, und borgt, und borgt, bis auch
Die armen eingebornen Mäuschen drin
Verhungern? – Bildet Ihr vielleicht Euch ein,
Wer Euers Gelds bedürftig sei, der werde
Doch Euerm Rate wohl auch folgen? – Ja;
Er Rate folgen! Wenn hat Saladin
Sich raten lassen? – Denkt nur, Nathan, was
Mir eben itzt mit ihm begegnet.

NATHAN    Nun?

AL-HAFI    Da komm ich zu ihm, eben daß er Schach
Gespielt mit seiner Schwester. Sittah spielt
Nicht übel; und das Spiel, das Saladin
Verloren glaubte, schon gegeben hatte,
Das stand noch ganz so da. Ich seh Euch hin,
Und sehe, daß das Spiel noch lange nicht
Verloren.

NATHAN    Ei! das war für Dich ein Fund!

AL-HAFI    Er durfte mit dem König an den Bauer
Nur rücken, auf ihr Schach – Wenn ichs Euch gleich
Nur zeigen könnte!

NATHAN    O ich traue dir!

AL-HAFI    Denn so bekam der Roche Feld: und sie
War hin. – Das alles will ich ihm nun weisen
Und ruf' ihn. – Denkt! …

NATHAN    Er ist nicht deiner Meinung?

AL-HAFI
Er hört mich gar nicht an, und wirft verächtlich
Das ganze Spiel in Klumpen.

NATHAN    Ist das möglich?

AL-HAFI    Und sagt: er wolle matt nun einmal sein;
Er wolle! Heißt das Spielen?

NATHAN    Schwerlich wohl;
Heißt mit dem Spiele spielen.

AL-HAFI    Gleichwohl galt
Es keine taube Nuß.

NATHAN    Geld hin, Geld her!
Das ist das wenigste. Allein dich gar
Nicht anzuhören! über einen Punkt
Von solcher Wichtigkeit dich nicht einmal
Zu hören! deinen Adlerblick nicht zu
Bewundern! das, das schreit um Rache; nicht?

AL-HAFI    Ach was? Ich sag Euch das nur so, damit
Ihr sehen könnt, was für ein Kopf er ist.
Kurz, ich, ich halts mit ihm nicht länger aus.
Da lauf ich nun bei allen schmutzgen Mohren
Herum, und frage, wer ihm borgen will.
Ich, der ich nie für mich gebettelt habe,
Soll nun für andre borgen. Borgen ist
Viel besser nicht als betteln: so wie leihen,
Auf Wucher leihen, nicht viel besser ist,
Als stehlen. Unter meinen Ghebern, an
Dem Ganges, brauch ich beides nicht, und brauche
Das Werkzeug beider nicht zu sein. Am Ganges,
Am Ganges nur giebts Menschen. Hier seid Ihr
Der Einzige, der noch so würdig wäre,
Daß er am Ganges lebte. — Wollt Ihr mit? —
Laßt ihm mit eins den Plunder ganz im Stiche,

Um den es ihm zu tun. Er bringt Euch nach
Und nach doch drum. So wär' die Plackerei
Auf einmal aus. Ich schaff Euch einen Delk.
Kommt! kommt!

NATHAN    Ich dächte zwar, das blieb uns ja
Noch immer übrig. Doch, Al-Hafi, will
Ichs überlegen. Warte …

AL-HAFI    Überlegen?
Nein, so was überlegt sich nicht.

NATHAN    Nur bis
Ich von dem Sultan wiederkomme; bis
Ich Abschied erst …

AL-HAFI    Wer überlegt, der sucht
Bewegungsgründe, nicht zu dürfen. Wer
Sich Knall und Fall, ihm selbst zu leben, nicht
Entschließen kann, der lebet andrer Sklav
Auf immer. – Wie Ihr wollt! – Lebt wohl! wies Euch
Wohl dünkt. – Mein Weg liegt dort; und Eurer da.

NATHAN    Al-Hafi! Du wirst selbst doch erst das Deine
Berichtigen?

AL-HAFI    Ach Possen! Der Bestand
Von meiner Kaß' ist nicht des Zählens wert;
Und meine Rechnung bürgt – Ihr oder Sittah.
Lebt wohl! *ab.*

NATHAN *ihm nachsehend.*
Die bürg ich! – Wilder, guter, edler –
Wie nenn ich ihn? – Der wahre Bettler ist
Doch einzig und allein der wahre König!
*von einer andern Seite ab.*

# DRITTER AUFZUG

## ERSTER AUFTRITT

*Scene: in Nathans Hause.*
*Recha und Daja.*

RECHA    Wie, Daja, drückte sich mein Vater aus?
»Ich dürf' ihn jeden Augenblick erwarten?«
Das klingt – nicht wahr? – als ob er noch so bald
Erscheinen werde. – Wie viel Augenblicke
Sind aber schon vorbei! – Ah nun: wer denkt
An die verflossenen? – Ich will allein
In jedem nächsten Augenblicke leben.
Er wird doch einmal kommen, der ihn bringt.

DAJA    O der verwünschten Botschaft von dem Sultan!
Denn Nathan hätte sicher ohne sie
Ihn gleich mit hergebracht.

RECHA    Und wenn er nun
Gekommen dieser Augenblick; wenn denn
Nun meiner Wünsche wärmster, innigster
Erfüllet ist: was dann? – was dann?

DAJA    Was dann?
Dann hoff' ich, daß auch meiner Wünsche wärmster
Soll in Erfüllung gehen.

RECHA    Was wird dann
In meiner Brust an dessen Stelle treten,
Die schon verlernt, ohn einen herrschenden
Wunsch aller Wünsche sich zu dehnen? – Nichts?
Ah, ich erschrecke! …

DAJA    Mein, mein Wunsch wird dann

An des erfüllten Stelle treten; meiner.
Mein Wunsch, dich in Europa, dich in Händen
Zu wissen, welche deiner würdig sind.

RECHA

Du irrst. – Was diesen Wunsch zu deinem macht,
Das nemliche verhindert, daß er meiner
Je werden kann. Dich zieht dein Vaterland:
Und meines, meines sollte mich nicht halten?
Ein Bild der Deinen, das in deiner Seele
Noch nicht verloschen, sollte mehr vermögen,
Als die ich seh, und greif', und höre,
Die Meinen?

DAJA    Sperre dich, so viel du willst!
Des Himmels Wege sind des Himmels Wege.
Und wenn es nun dein Retter selber wäre,
Durch den sein Gott, für den er kämpft, dich in
Das Land, dich zu dem Volke führen wollte,
Für welche du geboren wurdest?

RECHA    Daja!
Was sprichst du da nun wieder, liebe Daja!
Du hast doch wahrlich deine sonderbaren
Begriffe! »Sein, sein Gott! für den er kämpft!«
Wem eignet Gott? was ist das für ein Gott,
Der einem Menschen eignet? der für sich
Muß kämpfen lassen? – Und wie weiß
Man denn, für welchen Erdkloß man geboren,
Wenn mans für den nicht ist, auf welchem man
Geboren? – Wenn mein Vater dich so hörte! –
Was tat er dir, mir immer nur mein Glück
So weit von ihm als möglich vorzuspiegeln?
Was tat er dir, den Samen der Vernunft,
Den er so rein in meine Seele streute,
Mit deines Landes Unkraut oder Blumen

So gern zu mischen? – Liebe Daja,
Er will nun deine bunten Blumen nicht
Auf meinem Boden! – Und ich muß dir sagen,
Ich selber fühle meinen Boden, wenn
Sie noch so schön ihn kleiden, so entkräftet,
So ausgezehrt durch deine Blumen; fühle
In ihrem Dufte, sauersüßem Dufte,
Mich so betäubt, so schwindelnd! – Dein Gehirn
Ist dessen mehr gewohnt. Ich tadle drum
Die stärkern Nerven nicht, die ihn vertragen.
Nur schlägt er mir nicht zu; und schon dein Engel,
Wie wenig fehlte, daß er mich zur Närrin
Gemacht? – Noch schäm' ich mich vor meinem Vater
Der Posse!

DAJA    Posse! – Als ob der Verstand
Nur hier zu Hause wäre! Posse! Posse!
Wenn ich nur reden dürfte!

RECHA    Darfst du nicht?
Wenn war ich nicht ganz Ohr, so oft es dir
Gefiel, von deinen Glaubenshelden mich
Zu unterhalten? Hab' ich ihren Taten
Nicht stets Bewunderung; und ihren Leiden
Nicht immer Tränen gern gezollt? Ihr Glaube
Schien freilich mir das Heldenmäßigste
An ihnen nie. Doch so viel tröstender
War mir die Lehre, daß Ergebenheit
In Gott von unserm Wähnen über Gott
So ganz und gar nicht abhängt. – Liebe Daja,
Das hat mein Vater uns so oft gesagt;
Darüber hast du selbst mit ihm so oft
Dich einverstanden: warum untergräbst
Da denn allein, was du mit ihm zugleich
Gebauet? – Liebe Daja, das ist kein

Gespräch, womit wir unserm Freund' am besten
Entgegen sehn. Für mich zwar, ja! Denn mir,
Mir liegt daran unendlich, ob auch er –
Horch, Daja! – Kommt es nicht an unsre Türe?
Wenn Er es wäre! horch!


## ZWEITER AUFTRITT

*Recha. Daja und der Tempelherr, dem Jemand von außen die
Türe öffnet, mit den Worten:*

    Nur hier herein!
RECHA *fährt zusammen, faßt sich, und will ihm zu Füßen
fallen:*
    Er ists! – Mein Retter, ah!
TEMPELHERR   Dies zu vermeiden
    Erschien ich bloß so spät: und doch –
RECHA   Ich will
    Ja zu den Füßen dieses stolzen Mannes
    Nur Gott noch einmal danken; nicht dem Manne.
    Der Mann will keinen Dank; will ihn so wenig
    Als ihn der Wassereimer will, der bei
    Dem Löschen so geschäftig sich erwiesen.
    Der ließ sich füllen, ließ sich leeren, mir
    Nichts, dir nichts: also auch der Mann. Auch der
    Ward nun so in die Glut hineingestoßen;
    Da fiel ich ungefähr ihm in den Arm;
    Da blieb ich ungefähr, so wie ein Funken
    Auf seinem Mantel, ihm in seinen Armen;
    Bis wiederum, ich weiß nicht was, uns beide
    Herausschmiß aus der Glut. – Was giebt es da
    Zu danken? – In Europa treibt der Wein

Zu noch weit andern Taten. – Tempelherren,
Die müssen einmal nun so handeln; müssen
Wie etwas besser zugelernte Hunde,
Sowohl aus Feuer, als aus Wasser holen.

TEMPELHERR *der sie mit Erstaunen und Unruhe die Zeit*
*über betrachtet:*
O Daja, Daja! Wenn in Augenblicken
Des Kummers und der Galle, meine Laune
Dich übel anließ, warum jede Torheit,
Die meiner Zung' entfuhr, ihr hinterbringen?
Das hieß sich zu empfindlich rächen, Daja!
Doch wenn du nur von nun an, besser mich
Bei ihr vertreten willst.

DAJA     Ich denke, Ritter,
Ich denke nicht, daß diese kleinen Stacheln,
Ihr an das Herz geworfen, Euch da sehr
Geschadet haben.

RECHA     Wie? Ihr hattet Kummer?
Und wart mit Euerm Kummer geiziger
Als Euerm Leben?

TEMPELHERR     Gutes, holdes Kind! –
Wie ist doch meine Seele zwischen Auge
Und Ohr geteilt! – Das war das Mädchen nicht,
Nein, nein, das war es nicht, das aus dem Feuer
Ich holte. – Denn wer hätte die gekannt,
Und aus dem Feuer nicht geholt? Wer hätte
Auf mich gewartet? – Zwar – verstellt – der Schreck
*Pause, unter der er, in Anschauung ihrer, sich wie verliert.*

RECHA     Ich aber find Euch noch den nemlichen. –
*dergleichen; bis sie fortfährt, um ihn in seinem Anstaunen*
*zu unterbrechen:*
Nun, Ritter, sagt uns doch, wo Ihr so lange
Gewesen? – Fast dürft' ich auch fragen: wo
Ihr itzo seid?

TEMPELHERR    Ich bin, – wo ich vielleicht
Nicht sollte sein. –

RECHA    Wo Ihr gewesen? – Auch
Wo Ihr vielleicht nicht solltet sein gewesen?
Das ist nicht gut.

TEMPELHERR    Auf – auf – wie heißt der Berg?
Auf Sinai.

RECHA    Auf Sinai? – Ah schön!
Nun kann ich zuverlässig doch einmal
Erfahren, ob es wahr …

TEMPELHERR    Was? was? Obs wahr,
Daß noch daselbst der Ort zu sehn, wo Moses
Vor Gott gestanden, als …

RECHA    Nun das wohl nicht.
Denn wo er stand, stand er vor Gott. Und davon
Ist mir zur Gnüge schon bekannt. – Obs wahr,
Möcht' ich nur gern von Euch erfahren, daß –
Daß es bei weitem nicht so mühsam sei,
Auf diesen Berg hinauf zu steigen, als
Herab? – Denn seht; so viel ich Berge noch
Gestiegen bin, wars just das Gegenteil. –
Nun, Ritter? – Was? – Ihr kehrt Euch von mir ab?
Wollt mich nicht sehn?

TEMPELHERR    Weil ich Euch hören will.

RECHA    Weil Ihr mich nicht wollt merken lassen, daß
Ihr meiner Einfalt lächelt; daß Ihr lächelt,
Wie ich Euch doch so gar nichts Wichtigers
Von diesem heiligen Berg' aller Berge
Zu fragen weiß? Nicht wahr?

TEMPELHERR    So muß
Ich doch Euch wieder in die Augen sehn. –
Was? Nun schlagt Ihr sie nieder? nun verbeißt
Das Lächeln Ihr? wie ich noch erst in Mienen,

In zweifelhaften Mienen lesen will,
Was ich so deutlich hör', Ihr so vernehmlich
Mir sagt – verschweigt? – Ah Recha! Recha! Wie
Hat er so wahr gesagt: »Kennt sie nur erst!«

RECHA    Wer hat? – von wem? – Euch das gesagt?

TEMPELHERR    »Kennt sie
Nur erst!« hat Euer Vater mir gesagt;
Von Euch gesagt.

DAJA    Und ich nicht etwa auch?
Ich denn nicht auch?

TEMPELHERR    Allein wo ist er denn?
Wo ist denn Euer Vater? Ist er noch
Beim Sultan?

RECHA    Ohne Zweifel.

TEMPELHERR    Noch, noch da? –
O mich vergeßlichen! Nein, nein; da ist
Er schwerlich mehr. – Er wird dort unten bei
Dem Kloster meiner warten; ganz gewiß.
So redten, mein ich, wir ja ab. Erlaubt!
Ich geh, ich hol' ihn …

DAJA    Das ist meine Sache.
Bleibt, Ritter, bleibt. Ich bring ihn unverzüglich.

TEMPELHERR
Nicht so, nicht so! Er sieht mir selbst entgegen;
Nicht Euch. Dazu, er könnte leicht – wer weiß? –
Er könnte bei dem Sultan leicht, – Ihr kennt
Den Sultan nicht! – leicht in Verlegenheit
Gekommen sein. – Glaubt mir; es hat Gefahr,
Wenn ich nicht geh.

RECHA    Gefahr? was für Gefahr?

TEMPELHERR
Gefahr für mich, für Euch, für ihn: wenn ich
Nicht schleunig, schleunig geh. *ab.*

## DRITTER AUFTRITT

*Recha und Daja.*

RECHA    Was ist das, Daja? –
So schnell? – Was kömmt ihm an? Was fiel ihm auf?
Was jagt ihn?

DAJA    Laßt nur, laßt. Ich denk', es ist
Kein schlimmes Zeichen.

RECHA    Zeichen? und wovon?

DAJA    Daß etwas vorgeht innerhalb. Es kocht,
Und soll nicht überkochen. Laßt ihn nur.
Nun ists an Euch.

RECHA    Was ist an mir? Du wirst,
Wie er, mir unbegreiflich.

DAJA    Bald nun könnt
Ihr ihm die Unruh all vergelten, die
Er Euch gemacht hat. Seid nur aber auch
Nicht allzustreng, nicht allzu rachbegierig.

RECHA    Wovon du sprichst, das magst du selber wissen.

DAJA    Und seid denn Ihr bereits so ruhig wieder?

RECHA    Das bin ich; ja das bin ich ...

DAJA    Wenigstens
Gesteht, daß Ihr Euch seiner Unruh freut;
Und seiner Unruh danket, was Ihr itzt
Von Ruh' genießt.

RECHA    Mir völlig unbewußt.
Denn was ich höchstens dir gestehen könnte,
Wär', daß es mich – mich selbst befremdet, wie
Auf einen solchen Sturm in meinem Herzen
So eine Stille plötzlich folgen können.
Sein voller Anblick, sein Gespräch
Hat mich ...

DAJA   Gesättigt schon?

RECHA   Gesättigt, will
Ich nun nicht sagen; nein – bei weitem nicht –

DAJA   Den heißen Hunger nur gestillt.

RECHA   Nun ja;
Wenn du so willst.

DAJA   Ich eben nicht.

RECHA   Er wird
Mir ewig wert; mir ewig werter, als
Mein Leben bleiben: wenn auch schon mein Puls
Nicht mehr seinem bloßen Namen wechselt;
Nicht mehr mein Herz, so oft ich an ihn denke,
Geschwinder, stärker schlägt. – Was schwatz' ich?
    Komm
Komm, liebe Daja, wieder an das Fenster,
Das auf die Palmen sieht.

DAJA   So ist er doch
Wohl noch nicht ganz gestillt, der heiße Hunger.

RECHA   Nun werd ich auch die Palmen wieder sehn:
Nicht ihn bloß untern Palmen.

DAJA   Diese Kälte
Beginnt auch wohl ein neues Fieber nur.

RECHA   Was Kält'? Ich bin nicht kalt. Ich sehe wahrlich
Nicht minder gern, was ich mit Ruhe sehe.

## VIERTER AUFTRITT

*Scene: ein Audienzsaal in dem Pallaste des Saladin.*
*Saladin und Sittah.*

SALADIN *im hereintreten, gegen die Türe:*
Hier bringt den Juden her, so bald er kömmt.
Er scheint sich eben nicht zu übereilen.

SITTAH
Er war auch wohl nicht bei der Hand; nicht gleich
Zu finden.

SALADIN   Schwester! Schwester!

SITTAH   Tust du doch
Als stünde dir ein Treffen vor.

SALADIN   Und das
Mit Waffen, die ich nicht gelernt zu führen.
Ich soll mich stellen; soll besorgen lassen;
Soll Fallen legen; soll auf Glatteis führen.
Wenn hätt' ich das gekonnt? Wo hätt' ich das
Gelernt? – Und soll das alles, ah, wozu?
Wozu? – Um Geld zu fischen; Geld! – Um Geld,
Geld einem Juden abzubangen; Geld!
Zu solchen kleinen Listen wär' ich endlich
Gebracht, der Kleinigkeiten kleinste mir
Zu schaffen?

SITTAH   Jede Kleinigkeit, zu sehr
Verschmäht, die rächt sich, Bruder.

SALADIN   Leider wahr. –
Und wenn nun dieser Jude gar der gute,
Vernünftge Mann ist, wie der Derwisch dir
Ihn ehedem beschrieben?

SITTAH   O nun dann!
Was hat es dann für Not! Die Schlinge liegt

Ja nur dem geizigen, besorglichen,
Furchtsamen Juden: nicht dem guten, nicht
Dem weisen Manne. Dieser ist ja so
Schon unser, ohne Schlinge. Das Vergnügen
Zu hören, wie ein solcher Mann sich ausredt;
Mit welcher dreisten Stärk' entweder, er
Die Stricke kurz zerreißet; oder auch
Mit welcher schlauen Vorsicht er die Netze
Vorbei sich windet: dies Vergnügen hast
Du obendrein.

SALADIN    Nun, das ist wahr. Gewiß;
Ich freue mich darauf.

SITTAH    So kann dich ja
Auch weiter nichts verlegen machen. Denn
Ists einer aus der Menge bloß; ists bloß
Ein Jude, wie ein Jude: gegen den
Wirst du dich doch nicht schämen, so zu scheinen
Wie er die Menschen all sich denkt? Vielmehr;
Wer sich ihm besser zeigt, der zeigt sich ihm
Als Geck, als Narr.

SALADIN    So muß ich ja wohl gar
Schlecht handeln, daß von mir der Schlechte nicht
Schlecht denke?

SITTAH    Traun! wenn du schlecht handeln nennst,
Ein jedes Ding nach seiner Art zu brauchen.

SALADIN    Was hätt' ein Weiberkopf erdacht, das er
Nicht zu beschönen wüßte!

SITTAH    Zu beschönen!

SALADIN    Das feine, spitze Ding, besorg ich nur,
In meiner plumpen Hand zerbricht! – So was
Will ausgeführt sein, wies erfunden ist:
Mit aller Pfiffigkeit, Gewandtheit. – Doch,
Mags doch nur, mags! Ich tanze, wie ich kann;

Und könnt' es freilich lieber, – schlechter noch
Als besser.

SITTAH    Trau dir auch nur nicht zu wenig!
Ich stehe dir für dich! Wenn du nur willst. –
Daß uns die Männer deines gleichen doch
So gern bereden möchten, nur ihr Schwert,
Ihr Schwert nur habe sie so weit gebracht.
Der Löwe schämt sich freilich, wenn er mit
Dem Fuchse jagt: – des Fuchses, nicht der List.

SALADIN    Und daß die Weiber doch so gern den Mann
Zu sich herunter hätten! – Geh nur geh! –
Ich glaube meine Lection zu können.

SITTAH    Was? ich soll gehn?

SALADIN    Du wolltest doch nicht bleiben?

SITTAH
Wenn auch nicht bleiben – im Gesicht euch bleiben –
Doch hier im Nebenzimmer –

SALADIN    Da zu horchen?
Auch das nicht, Schwester; wenn ich soll bestehn. –
Fort, fort! der Vorhang rauscht; er kömmt! – doch daß
Du ja nicht da verweilst! Ich sehe nach.
*Indem sie sich durch die eine Türe entfernt, tritt Nathan zu*
*der andern herein; und Saladin hat sich gesetzt.*


**FÜNFTER AUFTRITT**

*Saladin und Nathan.*


SALADIN    Tritt näher, Jude! – Näher! – Nur ganz her!
Nur ohne Furcht!

NATHAN    Die bleibe deinem Feinde!

SALADIN    Du nennst dich Nathan?

NATHAN  Ja.

SALADIN  Den weisen Nathan?

NATHAN  Nein.

SALADIN
Wohl! nennst du dich nicht; nennt dich das Volk.

NATHAN  Kann sein; das Volk!

SALADIN  Du glaubst doch nicht, daß ich
Verächtlich von des Volkes Stimme denke? –
Ich habe längst gewünscht, den Mann zu kennen,
Den es den Weisen nennt.

NATHAN  Und wenn es ihn
Zum Spott so nennte? Wenn dem Volke weise
Nichts weiter wär' als klug? und klug nur der,
Der sich auf seinen Vorteil gut versteht?

SALADIN  Auf seinen wahren Vorteil, meinst du doch?

NATHAN  Dann freilich wär' der Eigennützigste
Der Klügste. Dann wär' freilich klug und weise
Nur eins.

SALADIN  Ich höre dich erweisen, was
Du widersprechen willst. – Des Menschen wahre
Vorteile, die das Volk nicht kennt, kennst du.
Hast du zu kennen wenigstens gesucht;
Hast drüber nachgedacht: das auch allein
Macht schon den Weisen.

NATHAN  Der sich jeder dünkt
Zu sein.

SALADIN  Nun der Bescheidenheit genug!
Denn sie nur immerdar zu hören, wo
Man trockene Vernunft erwartet, ekelt. Er *springt auf:*
Laß uns zur Sache kommen! Aber, aber
Aufrichtig, Jud', aufrichtig!

NATHAN  Sultan, ich
Will sicherlich dich so bedienen, daß
Ich deiner fernern Kundschaft würdig bleibe.

SALADIN    Bedienen? wie?

NATHAN    Du sollst das Beste haben
Von allen; sollst es um den billigsten
Preis haben.

SALADIN    Wovon sprichst du? doch wohl nicht
Von deinen Waren? – Schachern wird mit dir
Schon meine Schwester. (Das der Horcherin!) –
Ich habe mit dem Kaufmann nichts zu tun.

NATHAN    So wirst du ohne Zweifel wissen wollen,
Was ich auf meinem Wege von dem Feinde,
Der allerdings sich wieder regt, etwa
Bemerkt, getroffen? – Wenn ich unverhohlen –

SALADIN    Auch darauf bin ich eben nicht mit dir
Gesteuert. Davon weiß ich schon, so viel
Ich nötig habe. – Kurz; –

NATHAN    Gebiete, Sultan.

SALADIN    Ich heische deinen Unterricht in ganz
Was andern; ganz was andern. – Da du nun
So weise bist: so sage mir doch einmal –
Was für ein Glaube, was für ein Gesetz
Hat dir am meisten eingeleuchtet?

NATHAN    Sultan,
Ich bin ein Jud'.

SALADIN    Und ich ein Muselmann.
Der Christ ist zwischen uns. – Von diesen drei
Religionen kann doch eine nur
Die wahre sein. – Ein Mann, wie du, bleibt da
Nicht stehen, wo der Zufall der Geburt
Ihn hingeworfen: oder wenn er bleibt,
Bleibt er aus Einsicht, Gründen, Wahl des Bessern.
Wohlan! so teile deine Einsicht mir
Dann mit. Laß mich die Gründe hören, denen
Ich selber nachzugrübeln, nicht die Zeit

Gehabt. Laß mich die Wahl, die diese Gründe
Bestimmt, – versteht sich, im Vertrauen – wissen,
Damit ich sie zu meiner mache. – Wie?
Du stutzest? wägst mich mit dem Auge? – Kann
Wohl sein, daß ich der erste Sultan bin,
Der eine solche Grille hat; die mich
Doch eines Sultans eben nicht so ganz
Unwürdig dünkt. – Nicht wahr? – So rede doch!
Sprich! – Oder willst du einen Augenblick,
Dich zu bedenken? Gut; ich geb' ihn dir. –
(Ob sie wohl horcht? Ich will sie doch belauschen;
Will hören, ob ichs recht gemacht. – ) Denk nach!
Geschwind denk nach! Ich säume nicht, zurück
Zu kommen.
*Er geht in das Nebenzimmer, nach welchem sich Sittah*
*begeben.*


SECHSTER AUFTRITT

*Nathan allein.*

Hm! hm! – wunderlich! – Wie ist
Mir denn? – Was will der Sultan? was? – Ich bin
Auf Geld gefaßt; und er will – Wahrheit. Wahrheit!
Und will sie so, – so bar, so blank, – als ob
Die Wahrheit Münze wäre! – Ja, wenn noch
Uralte Münze, die gewogen ward! –
Das ginge noch! Allein so neue Münze,
Die nur der Stempel macht, die man aufs Brett
Nur zählen darf, das ist sie doch nun nicht!
Wie Geld in Sack, so striche man in Kopf
Auch Wahrheit ein? Wer ist denn hier der Jude?

Ich oder er? – Doch wie? Sollt' er auch wohl
Die Wahrheit nicht in Wahrheit fodern? – Zwar,
Zwar der Verdacht, daß er die Wahrheit nur
Als Falle brauche, wär' auch gar zu klein! –
Zu klein? – Was ist für einen Großen denn
Zu klein? – Gewiß, gewiß: er stürzte mit
Der Türe so ins Haus! Man pocht doch, hört
Doch erst, wenn man als Freund sich naht. – Ich muß
Behutsam gehn! – Und wie? wie das? – So ganz
Stockjude sein zu wollen, geht schon nicht. –
Und ganz und gar nicht Jude, geht noch minder.
Denn, wenn kein Jude, dürft er mich nur fragen,
Warum kein Muselmann? – Das wars! Das kann
Mich retten! – Nicht die Kinder bloß, speist man
Mit Märchen ab. – Er kömmt. Er komme nur!


SIEBENDER AUFTRITT

*Saladin und Nathan.*

SALADIN
(So ist das Feld hier rein!) – Ich komm' dir doch
Nicht zu geschwind zurück? Du bist zu Rande
Mit deiner Überlegung. – Nun so rede!
Es hört uns keine Seele.
NATHAN    Möcht auch doch
Die ganze Welt uns hören.
SALADIN    So gewiß
Ist Nathan seiner Sache? Ha! das nenn'
Ich einen Weisen! Nie die Wahrheit zu
Verhehlen! für sie alles auf das Spiel
Zu setzen! Leib und Leben! Gut und Blut!

NATHAN    Ja! ja! wanns nötig ist und nutzt.

SALADIN    Von nun
An darf ich hoffen, einen meiner Titel,
Verbesserer der Welt und des Gesetzes,
Mit Recht zu führen.

NATHAN    Traun, ein schöner Titel!
Doch, Sultan, eh ich mich dir ganz vertraue,
Erlaubst du wohl, dir ein Geschichtchen zu
Erzählen?

SALADIN    Warum das nicht? Ich bin stets
Ein Freund gewesen von Geschichtchen, gut
Erzählt.

NATHAN    Ja, g u t erzählen, das ist nun
Wohl eben meine Sache nicht.

SALADIN    Schon wieder
So stolz bescheiden? – Mach! erzähl', erzähle!

NATHAN    Vor grauen Jahren lebt' ein Mann in Osten,
Der einen Ring von unschätzbarem Wert'
Aus lieber Hand besaß. Der Stein war ein
Opal, der hundert schöne Farben spielte,
Und hatte die geheime Kraft, vor Gott
Und Menschen angenehm zu machen, wer
In dieser Zuversicht ihn trug. Was Wunder,
Daß ihn der Mann in Osten darum nie
Vom Finger ließ; und die Verfügung traf,
Auf ewig ihn bei seinem Hause zu
Erhalten? Nemlich so. Er ließ den Ring
Von seinen Söhnen dem Geliebtesten;
Und setzte fest, daß dieser wiederum
Den Ring von seinen Söhnen dem vermache,
Der ihm der liebste sei; und stets der Liebste,
Ohn' Ansehn der Geburt, in Kraft allein
Des Rings, das Haupt, der Fürst des Hauses werde. –
Versteh mich, Sultan.

SALADIN   Ich versteh dich. Weiter!

NATHAN   So kam nun dieser Ring, von Sohn zu Sohn,
Auf einen Vater endlich von drei Söhnen;
Die alle drei ihm gleich gehorsam waren,
Die alle drei er folglich gleich zu lieben
Sich nicht entbrechen konnte. Nur von Zeit
Zu Zeit schien ihm bald der, bald dieser, bald
Der dritte, – so wie jeder sich mit ihm
Allein befand, und sein ergießend Herz
Die andern zwei nicht teilten, – würdiger
Des Ringes; den er denn auch einem jeden
Die fromme Schwachheit hatte, zu versprechen.
Das ging nun so, so lang es ging. – Allein
Es kam zum Sterben, und der gute Vater
Kömmt in Verlegenheit. Es schmerzt ihn, zwei
Von seinen Söhnen, die sich auf sein Wort
Verlassen, so zu kränken. – Was zu tun? –
Er sendet in geheim zu einem Künstler,
Bei dem er, nach dem Muster seines Ringes,
Zwei andere bestellt, und weder Kosten
Noch Mühe sparen heißt, sie jenem gleich,
Vollkommen gleich zu machen. Das gelingt
Dem Künstler. Da er ihm die Ringe bringt,
Kann selbst der Vater seinen Musterring
Nicht unterscheiden. Froh und freudig ruft
Er seine Söhne, jeden ins besondre;
Giebt jedem ins besondre seinen Segen, –
Und seinen Ring, – und stirbt. – Du hörst doch,
   Sultan?

SALADIN   *der sich betroffen von ihm gewandt:*
Ich hör, ich höre! – Komm mit deinem Märchen
Nur bald zu Ende. – Wirds? –

NATHAN   Ich bin zu Ende.

Denn was noch folgt, versteht sich ja voll selbst. –
Kaum war der Vater tot, so kömmt ein jeder
Mit seinem Ring', und jeder will der Fürst
Des Hauses sein. Man untersucht, man zankt,
Man klagt. Umsonst; der rechte Ring war nicht
Erweislich; –

*nach einer Pause, in welcher er des Sultans Antwort
erwartet:*

Fast so unerweislich, als
Uns itzt – der rechte Glaube.

SALADIN    Wie? das soll
Die Antwort sein auf meine Frage? ...

NATHAN    Soll
Mich bloß entschuldigen, wenn ich die Ringe,
Mir nicht getrau zu unterscheiden, die
Der Vater in der Absicht machen ließ,
Damit sie nicht zu unterscheiden wären.

SALADIN

Die Ringe! – Spiele nicht mit mir! – Ich dächte,
Daß die Religionen, die ich dir
Genannt, doch wohl zu unterscheiden wären.
Bis auf die Kleidung; bis auf Speis und Trank!

NATHAN    Und nur von Seiten ihrer Gründe nicht. –
Denn gründen alle sich nicht auf Geschichte?
Geschrieben oder überliefert! – Und
Geschichte muß doch wohl allein auf Treu
Und Glauben angenommen werden? – Nicht? –
Nun wessen Treu und Glauben zieht man denn
Am wenigsten in Zweifel? Doch der Seinen?
Doch deren Blut wir sind? doch deren, die
Von Kindheit an uns Proben ihrer Liebe
Gegeben? die uns nie getäuscht, als wo
Getäuscht zu werden uns heilsamer war? –

Wie kann ich meinen Vätern weniger,
Als du den deinen glauben? Oder umgekehrt. –
Kann ich von dir verlangen, daß du deine
Vorfahren Lügen strafst, um meinen nicht
Zu widersprechen? Oder umgekehrt.
Das nemliche gilt von den Christen. Nicht? –

SALADIN    (Bei dem Lebendigen! Der Mann hat Recht.
Ich muß verstummen.)

NATHAN    Laß auf unsre Ring'
Uns wieder kommen. Wie gesagt: die Söhne
Verklagten sich; und jeder schwur dem Richter,
Unmittelbar aus seines Vaters Hand
Den Ring zu haben. – Wie auch wahr! – Nachdem
Er von ihm lange das Versprechen schon
Gehabt, des Ringes Vorrecht einmal zu
Genießen. – Wie nicht minder wahr! – Der Vater,
Beteu'rte jeder, könne gegen ihn
Nicht falsch gewesen sein; und eh' er dieses
Von ihm, von einem solchen lieben Vater,
Argwohnen laß': eh' müß' er seine Brüder,
So gern er sonst von ihnen nur das Beste
Bereit zu glauben sei, des falschen Spiels
Bezeihen; und er wolle die Verräter
Schon auszufinden wissen; sich schon rächen.

SALADIN
Und nun, der Richter? – Mich verlangt zu hören,
Was du den Richter sagen lässest. Sprich!

NATHAN
Der Richter sprach: wenn ihr mir nun den Vater
Nicht bald zur Stelle schafft, so weis' ich euch
Von meinem Stuhle. Denkt ihr, daß ich Rätsel
Zu lösen da bin? Oder harret ihr,
Bis daß der rechte Ring den Mund eröffne? –

Doch halt! Ich höre ja, der rechte Ring
Besitzt die Wunderkraft beliebt zu machen;
Vor Gott und Menschen angenehm. Das muß
Entscheiden! Denn die falschen Ringe werden
Doch das nicht können! – Nun; wen lieben zwei
Von euch am meisten? – Macht, sagt an! Ihr schweigt?
Die Ringe wirken nur zurück? und nicht
Nach außen? Jeder liebt sich selber nur
Am meisten? – O so seid ihr alle drei
Betrogene Betrieger! Eure Ringe
Sind alle drei nicht echt. Der echte Ring
Vermutlich ging verloren. Den Verlust
Zu bergen, zu ersetzen, ließ der Vater
Die drei für einen machen.

SALADIN    Herrlich! herrlich!

NATHAN    Und also; fuhr der Richter fort, wenn ihr
Nicht meinen Rat, statt meines Spruches, wollt:
Geht nur! – Mein Rat ist aber der: ihr nehmt
Die Sache völlig wie sie liegt. Hat von
Euch jeder seinen Ring von seinem Vater:
So glaube jeder sicher seinen Ring
Den echten. – Möglich; daß der Vater nun
Die Tyrannei des Einen Rings nicht länger
In seinem Hause dulden wollen! – Und gewiß;
Daß er euch alle drei geliebt, und gleich
Geliebt: indem er zwei nicht drücken mögen,
Um einen zu begünstigen. – Wohlan!
Es eifre jeder seiner unbestochnen
Von Vorurteilen freien Liebe nach!
Es strebe von euch jeder um die Wette,
Die Kraft des Steins in seinem Ring' an Tag
Zu legen! komme dieser Kraft mit Sanftmut,
Mit herzlicher Verträglichkeit, mit Wohltun,

Mit innigster Ergebenheit in Gott,
Zu Hülf'! Und wenn sich dann der Steine Kräfte
Bei euern Kindes-Kindeskindern äußern:
So lad' ich über tausend tausend Jahre,
Sie wiederum vor diesen Stuhl. Da wird
Ein weisrer Mann auf diesem Stuhle sitzen,
Als ich; und sprechen. Geht! – So sagte der
Bescheidne Richter.

SALADIN   Gott! Gott!

NATHAN   Saladin,
Wenn du dich fühlest, dieser weisere
Versprochne Mann zu sein: ...

SALADIN   *der auf ihn zustürzt, und seine Hand ergreift, die er*
*bis zu Ende nicht wieder fahren läßt:*
Ich Staub? Ich Nichts?
O Gott!

NATHAN   Was ist dir, Sultan?

SALADIN   Nathan, lieber Nathan!
Die tausend tausend Jahre deines Richters
Sind noch nicht um. – Sein Richterstuhl ist nicht
Der meine. – Geh! – Geh! – Aber sei mein Freund.

NATHAN   Und weiter hätte Saladin mir nichts
Zu sagen?

SALADIN   Nichts.

NATHAN   Nichts?

SALADIN   Gar nichts. – Und warum?

NATHAN   Ich hätte noch Gelegenheit gewünscht,
Dir eine Bitte vorzutragen.

SALADIN   Brauchts
Gelegenheit zu einer Bitte? – Rede!

NATHAN   Ich komm' von einer weiten Reis', auf welcher
Ich Schulden eingetrieben. – Fast hab' ich
Des baren Gelds zu viel. – Die Zeit beginnt

Bedenklich wiederum zu werden; – und
Ich weiß nicht recht, wo sicher damit hin. –
Da dacht ich, ob nicht du vielleicht, – weil doch
Ein naher Krieg des Geldes immer mehr
Erfodert, – etwas brauchen könntest.

SALADIN *ihm steif in die Augen sehend:* Nathan! –
Ich will nicht fragen, ob Al-Hafi schon
Bei dir gewesen; – will nicht untersuchen,
Ob dich nicht sonst ein Argwohn treibt, mir dieses
Erbieten freier Dings zu tun: …

NATHAN  Ein Argwohn?

SALADIN
Ich bin ihn wert. – Verzeih mir! – denn was hilfts?
Ich muß dir nur gestehen, – daß ich im
Begriffe war –

NATHAN  Doch nicht, das Nemliche
An mich zu suchen?

SALADIN  Allerdings.

NATHAN  So wär'
Uns beiden ja geholfen! – Daß ich aber
Dir alle meine Barschaft nicht kann schicken,
Das macht der junge Tempelherr. – Du kennst
Ihn ja. – Ihm hab' ich eine große Post
Vorher noch zu bezahlen.

SALADIN  Tempelherr?
Du wirst doch meine schlimmsten Feinde nicht
Mit deinem Geld' auch unterstützen wollen?

NATHAN  Ich spreche von dem einen nur, dem du
Das Leben spartest …

SALADIN  Ah! woran erinnerst
Du mich! – Hab' ich doch diesen Jüngling ganz
Vergessen! – Kennst du ihn? – Wo ist er?

NATHAN  Wie?

So weißt du nicht, wie viel von deiner Gnade
Für ihn, durch ihn auf mich geflossen? Er,
Er mit Gefahr des neu erhaltnen Lebens,
Hat meine Tochter aus dem Feu'r gerettet.

SALADIN    Er? Hat er das? – Ha! darnach sah er aus.
Das hätte sicherlich mein Bruder auch getan,
Dem er so ähnelt! – Ist er denn noch hier?
So bring ihn her! – Ich habe meiner Schwester
Von diesem ihren Bruder, den sie nicht
Gekannt, so viel erzählet, daß ich sie
Sein Ebenbild doch auch muß sehen lassen! –
Geh, hol ihn! – Wie aus einer guten Tat,
Gebar sie auch schon bloße Leidenschaft,
Doch so viel andre gute Taten fließen!
Geh, hol ihn!

NATHAN  *indem er Saladins Hand fahren läßt:*
Augenblicks! Und bei dem andern
Bleibt es doch auch? *ab.*

SALADIN    Ah! daß ich meine Schwester
Nicht horchen lassen! – Zu ihr! zu ihr! – Denn
Wie soll ich alles das ihr nun erzählen?
*ab von der andern Seite.*


## ACHTER AUFTRITT

*Die Scene: unter den Palmen, in der Nähe des Klosters, wo
der Tempelherr Nathans wartet.*


DER TEMPELHERR
*Geht, mit sich selbst kämpfend, auf und ab; bis er losbricht:*
– Hier hält das Opfertier ermüdet still. –
Nun gut! Ich mag nicht, mag nicht näher wissen,

Was in mir vorgeht; mag voraus nicht wittern,
Was vorgehn wird. – Genug, ich hin umsonst
Geflohn! umsonst. – Und weiter k o n n t' ich doch
Auch nichts, als fliehn? – Nun komm', was kommen
   soll! –
Ihm auszubeugen, war der Streich zu schnell
Gefallen; unter den zu kommen, ich
So lang und viel mich weigerte. – Sie sehn,
Die ich zu sehn so wenig lüstern war, –
Sie sehn, und der Entschluß, sie wieder aus
Den Augen nie zu lassen – Was Entschluß?
Entschluß ist Vorsatz, Tat: und ich, ich litt',
Ich litte bloß. – Sie sehn, und das Gefühl,
An sie verstrickt, in sie verwebt zu sein,
War eins. – Bleibt eins. – Von ihr getrennt
Zu leben, ist mir ganz undenkbar; wär'
Mein Tod, – und wo wir immer nach dem Tode
Noch sind, auch da mein Tod. – Ist das nun Liebe:
So – liebt der Tempelritter freilich, – liebt
Der Christ das Judenmädchen freilich. – Hm!
Was tuts? – Ich hab' in dem gelobten Lande, –
Und drum auch mir g e l o b t auf immerdar! –
Der Vorurteile mehr schon abgelegt. –
Was will mein Orden auch? Ich Tempelherr
Bin tot; war von dem Augenblick' ihm tot,
Der mich zu Saladins Gefangnen machte.
Der Kopf, den Saladin mir schenkte, wär'
Mein alter? – Ist ein neuer; der von allem
Nichts weiß, was jenem eingeplaudert ward,
Was jenen band. – Und ist ein beßrer; für
Den väterlichen Himmel mehr gemacht.
Das spür' ich ja. Denn erst mit ihm beginn'
Ich so zu denken, wie mein Vater hier

Gedacht muß haben; wenn man Märchen nicht
Von ihm mir vorgelogen. – Märchen? – doch
Ganz glaubliche; die glaublicher mir nie,
Als itzt geschienen, da ich nur Gefahr
Zu straucheln laufe, wo er fiel. – Er fiel?
Ich will mit Männern lieber fallen, als
Mit Kindern stehn. – Sein Beispiel bürget mir
Für seinen Beifall. Und an wessen Beifall
Liegt mir denn sonst? – An Nathans? – O an dessen
Ermuntrung mehr, als Beifall, kann es mir
Noch weniger gebrechen. – Welch ein Jude! –
Und der so ganz nur Jude scheinen will!
Da kömmt er; kömmt mit Hast; glüht heitre Freude.
Wer kam vom Saladin je anders? – He!
He, Nathan!

NEUNTER AUFTRITT

*Nathan und der Tempelherr.*

NATHAN    Wie? seid Ihrs?
TEMPELHERR    Ihr habt
    Sehr lang' Euch bei dem Sultan aufgehalten.
NATHAN    So lange nun wohl nicht. Ich ward im hingehn
    Zu viel verweilt. – Ah, wahrlich Curd; der Mann
    Steht seinen Ruhm. Sein Ruhm ist bloß sein
       Schatten. –
    Doch laßt vor allen Dingen Euch geschwind
    Nur sagen …
TEMPELHERR    Was?
NATHAN    Er will Euch sprechen; will,
    Daß ungesäumt Ihr zu ihm kommt. Begleitet

Mich nur nach Hause, wo ich noch für ihn
Erst etwas anders zu verfügen habe:
Und dann, so gehn wir.

TEMPELHERR   Nathan, Euer Haus
Betret' ich wieder eher nicht …

NATHAN   So seid
Ihr doch indes schon da gewesen? habt
Indes sie doch gesprochen? – Nun? – Sagt: wie
Gefällt Euch Recha?

TEMPELHERR   Über allen Ausdruck! –
Allein, – sie wiedersehn – das werd ich nie!
Nie! nie! – Ihr müßtet mir zur Stelle denn
Versprechen: – daß ich sie auf immer, immer –
Soll können sehn.

NATHAN   Wie wollt Ihr, daß ich das
Versteh'?

TEMPELHERR
*nach einer kurzen Pause ihm plötzlich um den Hals
fallend:*
Mein Vater!

NATHAN   – Junger Mann!

TEMPELHERR *ihn eben so plötzlich wieder lassend:*
Nicht Sohn? –
Ich bitt' Euch, Nathan! –

NATHAN   Lieber junger Mann!

TEMPELHERR
Nicht Sohn? – Ich bitt' Euch, Nathan! – Ich beschwör'
Euch bei den ersten Banden der Natur! –
Zieht ihnen spätre Fesseln doch nicht vor! –
Begnügt Euch doch ein Mensch zu sein! Stoßt mich
Nicht von Euch!

NATHAN   Lieber, lieber Freund! …

TEMPELHERR   Und Sohn?

Sohn nicht? – Auch dann nicht, dann nicht einmal,
   wenn
Erkenntlichkeit zum Herzen Eurer Tochter
Der Liebe schon den Weg gebahnet hätte?
Auch dann nicht einmal, wenn in eins zu schmelzen
Auf Euern Wink nur beide warteten? –
Ihr schweigt?

NATHAN    Ihr überrascht mich, junger Ritter.

TEMPELHERR

Ich überrasch' Euch? – überrasch' Euch, Nathan,
Mit Euern eigenen Gedanken? – Ihr
Verkennt sie doch in meinem Munde nicht? –
Ich überrasch' Euch?

NATHAN    Eh ich einmal weiß,
Was für ein Stauffen Euer Vater denn
Gewesen ist!

TEMPELHERR    Was sagt Ihr, Nathan? was? –
In diesem Augenblicke fühlt Ihr nichts,
Als Neubegier?

NATHAN    Denn seht! Ich habe selbst
Wohl einen Stauffen ehedem gekannt,
Der Conrad hieß.

TEMPELHERR    Nun – wenn mein Vater denn
Nun eben so geheißen hätte?

NATHAN    Wahrlich?

TEMPELHERR

Ich heiße selber ja nach meinem Vater: Curd
Ist Conrad.

NATHAN    Nun – so war mein Conrad doch
Nicht Euer Vater. Denn mein Conrad war,
Was Ihr; war Tempelherr; war nie vermählt.

TEMPELHERR    O darum!

NATHAN    Wie?

TEMPELHERR   O darum könnt' er doch
  Mein Vater wohl gewesen sein.
NATHAN   Ihr scherzt.
TEMPELHERR

  Und Ihr nehmts wahrlich zu genau! – Was wärs
  Denn nun? So was von Bastard oder Bankert!
  Der Schlag ist auch nicht zu verachten. – Doch
  Entlaßt mich immer meiner Ahnenprobe.
  Ich will Euch Eurer wiederum entlassen.
  Nicht zwar, als ob ich den geringsten Zweifel
  In Euern Stammbaum setzte. Gott behüte!
  Ihr könnt ihn Blatt vor Blatt bis Abraham
  Hinauf belegen. Und von da so weiter,
  Weiß ich ihn selbst; will ich ihn selbst beschwören.
NATHAN

  Ihr werdet bitter. – Doch verdien' ichs? – Schlug
  Ich denn Euch schon was ab? – Ich will Euch ja
  Nur bei dem Worte nicht den Augenblick
  So fassen. – Weiter nichts.
TEMPELHERR   Gewiß? – Nichts weiter?
  O so vergebt! …
NATHAN   Nun kommt nur, kommt!
TEMPELHERR   Wohin?
  Nein! – Mit in Euer Haus? – Das nicht! das nicht! –
  Da brennts! – Ich will Euch hier erwarten. Geht! –
  Soll ich sie wiedersehn: so seh ich sie
  Noch oft genug. Wo nicht: so sah ich sie
  Schon viel zu viel …
NATHAN   Ich will mich möglichst eilen.

## ZEHNTER AUFTRITT

*Der Tempelherr und bald darauf Daja.*

TEMPELHERR

    Schon mehr als gnug! – Des Menschen Hirn faßt so
    Unendlich viel; und ist doch manchmal auch
    So plötzlich voll! von einer Kleinigkeit
    So plötzlich voll! – Taugt nichts, taugt nichts; es sei
    Auch voll wovon es will. – Doch nur Geduld!
    Die Seele wirkt den aufgedunsnen Stoff
    Bald in einander, schafft sich Raum, und Licht
    Und Ordnung kommen wieder. – Lieb' ich denn
    Zum erstenmale? – Oder war, was ich
    Als Liebe kenne, Liebe nicht? – Ist Liebe
    Nur was ich itzt empfinde? …

DAJA *die sich von der Seite herbeigeschlichen:*
    Ritter! Ritter!

TEMPELHERR   Wer ruft? – Ha, Daja, Ihr?

DAJA   Ich habe mich
    Bei ihm vorbei geschlichen. Aber noch
    Könnt' er uns sehn, wo Ihr da steht. – Drum kommt
    Doch näher zu mir, hinter diesen Baum.

TEMPELHERR

    Was giebts denn? – So geheimnisvoll? – Was ists?

DAJA   Ja wohl betrifft es ein Geheimnis, was
    Mich zu Euch bringt; und zwar ein doppeltes.
    Das eine weiß nur ich; das andre wißt
    Nur Ihr. – Wie wär es, wenn wir tauschten?
    Vertraut mir Euers: so vertrau' ich Euch
    Das Meine.

TEMPELHERR   Mit Vergnügen. – Wenn ich nur
    Erst weiß, was Ihr für Meines achtet. Doch

Das wird aus Euerm wohl erhellen. – Fangt
Nur immer an.

DAJA    Ei denkt doch! – Nein, Herr Ritter:
Erst Ihr; ich folge. – Denn versichert, mein
Geheimnis kann Euch gar nichts nutzen, wenn
Ich nicht zuvor das Eure habe. – Nur
Geschwind! – Denn frag' ichs Euch erst ab: so habt
Ihr nichts vertrauet. Mein Geheimnis dann
Bleibt mein Geheimnis; und das Eure seid
Ihr los. – Doch armer Ritter! – Daß ihr Männer
Ein solch Geheimnis vor uns Weibern haben
Zu können, auch nur glaubt!

TEMPELHERR    Das wir zu haben
Oft selbst nicht wissen.

DAJA    Kann wohl sein. Drum muß
Ich freilich erst, Euch selbst damit bekannt
Zu machen, schon die Freundschaft haben. –
    Sagt:
Was hieß denn das, daß Ihr so Knall und Fall
Euch aus dem Staube machtet? daß Ihr uns
So sitzen ließet? – daß Ihr nun mit Nathan
Nicht wiederkommt? – Hat Recha denn so wenig
Auf Euch gewirkt? wie? oder auch, so viel? –
So viel! so viel! – Lehrt Ihr des armen Vogels,
Der an der Rute klebt, Geflattre mich
Doch kennen! – Kurz: gesteht es mir nur gleich,
Daß Ihr sie liebt, liebt bis zum Unsinn; und
Ich sag' Euch was …

TEMPELHERR    Zum Unsinn? Wahrlich; Ihr
Versteht Euch trefflich drauf.

DAJA    Nun gebt mir nur
Die Liebe zu; den Unsinn will ich Euch
Erlassen.

TEMPELHERR    Weil er sich von selbst versteht? –
Ein Tempelherr ein Judenmädchen lieben! …

DAJA    Scheint freilich wenig Sinn zu haben. – Doch
Zuweilen ist des Sinns in einer Sache
Auch mehr, als wir vermuten; und es wäre
So unerhört doch nicht, daß uns der Heiland
Auf Wegen zu sich zöge, die der Kluge
Von selbst nicht leicht betreten würde.

TEMPELHERR    Das
So feierlich? – (Und setz’ ich statt des Heilands
Die Vorsicht: hat sie denn nicht Recht?) – Ihr macht
Mich neubegieriger, als ich wohl sonst
Zu sein gewohnt bin.

DAJA    O! das ist das Land
Der Wunder!

TEMPELHERR    (Nun! – des Wunderbaren. Kann
Es auch wohl anders sein? Die ganze Welt
Drängt sich ja hier zusammen.) – Liebe Daja,
Nehmt für gestanden an, was Ihr verlangt:
Daß ich sie liebe; daß ich nicht begreife,
Wie ohne sie ich leben werde; daß …

DAJA    Gewiß? gewiß? – So schwört mir, Ritter, sie
Zur Eurigen zu machen; sie zu retten;
Sie zeitlich hier, sie ewig dort zu retten.

TEMPELHERR
Und wie? – Wie kann ich? – Kann ich schwören, was
In meiner Macht nicht steht?

DAJA    In Eurer Macht
Steht es. Ich bring’ es durch ein einzig Wort
In Eure Macht.

TEMPELHERR    Daß selbst der Vater nichts
Dawider hätte?

DAJA    Ei, was Vater! Vater!
Der Vater soll schon müssen.

TEMPELHERR   Müssen, Daja? –
  Noch ist er unter Räuber nicht gefallen. –
  Er muß nicht müssen.

DAJA   Nun, so muß er wollen;
  Muß gern am Ende wollen.

TEMPELHERR   Muß und gern! –
  Doch, Daja, wenn ich Euch nun sage, daß
  Ich selber diese Sait' ihm anzuschlagen
  Bereits versucht?

DAJA   Was? und er fiel nicht ein?

TEMPELHERR   Er fiel mit einem Mißlaut ein, der mich –
  Beleidigte.

DAJA   Was sagt Ihr? – Wie? Ihr hättet
  Den Schatten eines Wunsches nur nach Recha
  Ihm blicken lassen: und er wär' vor Freuden
  Nicht aufgesprungen? hätte frostig sich
  Zurückgezogen? hätte Schwierigkeiten
  Gemacht?

TEMPELHERR   So ungefähr.

DAJA   So will ich denn
  Mich länger keinen Augenblick bedenken – *Pause.*

TEMPELHERR   Und Ihr bedenkt Euch doch?

DAJA   Der Mann ist sonst
  So gut! – Ich selber bin so viel ihm schuldig! –
  Daß er doch gar nicht hören will! – Gott weiß,
  Das Herze blutet mir, ihn so zu zwingen.

TEMPELHERR
  Ich bitt' Euch, Daja, setzt mich kurz und gut
  Aus dieser Ungewißheit. Seid Ihr aber
  Noch selber ungewiß; ob, was Ihr vorhabt,
  Gut oder Böse, Schändlich oder Löblich
  Zu nennen: – schweigt! Ich will vergessen, daß
  Ihr etwas zu verschweigen habt.

DAJA   Das spornt
Anstatt zu halten. Nun; so wißt denn: Recha
Ist keine Jüdin; ist – ist eine Christin.

TEMPELHERR *kalt*:
So? Wünsch' Euch Glück! Hats schwer gehalten? Laßt
Euch nicht die Wehen schrecken! – Fahret ja
Mit Eifer fort, den Himmel zu bevölkern;
Wenn Ihr die Erde nicht mehr könnt!

DAJA   Wie, Ritter?
Verdienet meine Nachricht diesen Spott?
Daß Recha eine Christin ist: das freuet
Euch, einen Christen, einen Tempelherrn,
Der Ihr sie liebt, nicht mehr?

TEMPELHERR   Besonders, da
Sie eine Christin ist von Eurer Mache.

DAJA   Ah! so versteht Ihrs? So mags gelten! – Nein!
Den will ich sehn, der die bekehren soll!
Ihr Glück ist, längst zu sein, was sie zu werden
Verdorben ist.

TEMPELHERR   Erklärt Euch, oder – geht!

DAJA   Sie ist ein Christenkind; von Christeneltern
Geboren; ist getauft ...

TEMPELHERR *hastig*:   Und Nathan?

DAJA   Nicht
Ihr Vater!

TEMPELHERR
Nathan nicht ihr Vater? – Wißt
Ihr, was Ihr sagt?

DAJA   Die Wahrheit, die so oft
Mich blutge Tränen weinen machen. – Nein,
Er ist ihr Vater nicht ...

TEMPELHERR   Und hätte sie,
Als seine Tochter nur erzogen? hätte

Das Christenkind als eine Jüdin sich
Erzogen?

DAJA    Ganz gewiß.

TEMPELHERR    Sie wüßte nicht,
Was sie geboren sei? – Sie hätt' es nie
Von ihm erfahren, daß sie eine Christin
Geboren sei, und keine Jüdin?

DAJA    Nie!

TEMPELHERR    Er hätt' in diesem Wahne nicht das Kind
Bloß auferzogen? ließ das Mädchen noch
In diesem Wahne?

DAJA    Leider!

TEMPELHERR    Nathan – Wie?
Der weise gute Nathan hatte sich
Erlaubt, die Stimme der Natur so zu
Verfälschen? – Die Ergänzung eines Herzens
So zu verlenken, die, sich selbst gelassen,
Ganz andre Wege nehmen würde? – Daja,
Ihr habt mir allerdings etwas vertraut –
Von Wichtigkeit, – was Folgen haben kann, –
Was mich verwirrt, – worauf ich gleich nicht weiß,
Was mir zu tun. – Drum laßt mir Zeit. – Drum geht!
Er kömmt hier wiederum vorbei. Er möcht'
Uns überfallen. Geht!

DAJA    Ich wär' des Todes!

TEMPELHERR    Ich bin ihn itzt zu sprechen ganz und gar
Nicht fähig. Wenn Ihr ihm begegnet, sagt
Ihm nur, daß wir einander bei dem Sultan
Schon finden würden.

DAJA    Aber laßt Euch ja
Nichts merken gegen ihn. – Das soll nur so
Den letzten Druck dem Dinge geben; soll
Euch, Rechas wegen, alle Skrupel nur

Benehmen! – Wenn Ihr aber dann, sie nach
Europa führt: so laßt Ihr doch mich nicht
Zurück?

TEMPELHERR    Das wird sich finden. Geht nur, geht!

# VIERTER AUFZUG

### ERSTER AUFTRITT

*Scene: in den Kreuzgängen des Klosters.*
*Der Klosterbruder und bald darauf der Tempelherr.*

KLOSTERBRUDER
Ja, ja! er hat schon Recht, der Patriarch!
Es hat mir freilich noch von alle dem
Nicht viel gelingen wollen, was er mir
So aufgetragen. – Warum trägt er mir
Auch lauter solche Sachen auf? – Ich mag
Nicht fein sein; mag nicht überreden; mag
Mein Näschen nicht in alles stecken; mag
Mein Händchen nicht in allem haben. – Bin
Ich darum aus der Welt geschieden, ich
Für mich; um mich für andre mit der Welt
Noch erst recht zu verwickeln?
TEMPELHERR *mit Hast auf ihn zukommend:*
Guter Bruder!
Da seid Ihr ja. Ich hab' Euch lange schon
Gesucht.
KLOSTERBRUDER   Mich, Herr?
TEMPELHERR   Ihr kennt mich schon nicht mehr?
KLOSTERBRUDER
Doch, doch! Ich glaubte nur, daß ich den Herrn
In meinem Leben wieder nie zu sehn
Bekommen würde. Denn ich hofft' es zu
Den lieben Gott. – Der liebe Gott, der weiß
Wie sauer mir der Antrag ward, den ich

Dem Herrn zu tun verbunden war. Er weiß,
Ob ich gewünscht, ein offnes Ohr bei Euch
Zu finden; weiß, wie sehr ich mich gefreut,
Im Innersten gefreut, daß Ihr so rund
Das alles, ohne viel Bedenken, von
Euch wies't, was einem Ritter nicht geziemt. –
Nun kommt Ihr doch; nun hats doch nachgewirkt!

TEMPELHERR

Ihr wißt es schon, warum ich komme? Kaum
Weiß ich es selbst.

KLOSTERBRUDER    Ihr habts nun überlegt;
Habt nun gefunden, daß der Patriarch
So Unrecht doch nicht hat; daß Ehr' und Geld
Durch seinen Anschlag zu gewinnen; daß
Ein Feind ein Feind ist, wenn er unser Engel
Auch siebenmal gewesen wäre. Das,
Das habt Ihr nun mit Fleisch und Blut erwogen,
Und kommt, und tragt Euch wieder an. – Ach
    Gott!

TEMPELHERR

Mein frommer, lieber Mann! gebt Euch zufrieden.
Deswegen komm' ich nicht; deswegen will
Ich nicht den Patriarchen sprechen. Noch,
Noch denk' ich über jenen Punkt, wie ich
Gedacht, und wollt' um alles in der Welt
Die gute Meinung nicht verlieren, deren
Mich ein so grader, frommer, lieber Mann
Einmal gewürdiget. – Ich komme bloß,
Den Patriarchen über eine Sache
Um Rat zu fragen …

KLOSTERBRUDER    Ihr den Patriarchen?
Ein Ritter, einen – Pfaffen?
*sich schüchtern umsehend.*

TEMPELHERR  Ja; – die Sach'
Ist ziemlich pfäffisch.

KLOSTERBRUDER  Gleichwohl fragt der Pfaffe
Den Ritter nie, die Sache sei auch noch
So ritterlich.

TEMPELHERR  Weil er das Vorrecht hat,
Sich zu vergehn; das unser einer ihm
Nicht sehr beneidet. – Freilich, wenn ich nur
Für mich zu handeln hätte; freilich, wenn
Ich Rechenschaft nur mir zu geben hätte:
Was braucht' ich Euers Patriarchen? Aber
Gewisse Dinge will ich lieber schlecht,
Nach andrer Willen, machen; als allein
Nach meinem, gut. – Zudem, ich seh nun wohl,
Religion ist auch Partei; und wer
Sich drob auch noch so unparteiisch glaubt,
Hält, ohn' es selbst zu wissen, doch nur seiner
Die Stange. Weil das einmal nun so ist:
Wirds so wohl recht sein.

KLOSTERBRUDER  Dazu schweig' ich lieber.
Denn ich versteh den Herrn nicht recht.

TEMPELHERR  Und doch! –
(Laß sehn, warum mir eigentlich zu tun!
Um Machtspruch oder Rat? – Um lautern, oder
Gelehrten Rat?) – Ich dank' Euch, Bruder; dank'
Euch für den guten Wink. – Was Patriarch? –
Seid Ihr mein Patriarch! Ich will ja doch
Den Christen mehr im Patriarchen, als
Den Patriarchen in dem Christen fragen. –
Die Sach' ist die …

KLOSTERBRUDER  Nicht weiter, Herr, nicht weiter!
Wozu? – Der Herr verkennt mich. – Wer viel weiß,
Hat viel zu sorgen; und ich habe ja

Mich Einer Sorge nur gelobt. – O gut!
Hört! seht! Dort kömmt, zu meinem Glück, er selbst.
Bleibt hier nur stehn. Er hat Euch schon erblickt.


ZWEITER AUFTRITT


*Der Patriarch, welcher mit allem geistlichen Pomp den einen*
*Kreuzgang heraufkömmt, und die Vorigen.*


TEMPELHERR
Ich wich ihm lieber aus. – Wär' nicht mein Mann! –
Ein dicker, roter, freundlicher Prälat!
Und welcher Prunk!
KLOSTERBRUDER   Ihr solltet ihn erst sehn,
Nach Hofe sich erheben. Itzo kömmt
Er nur von einem Kranken.
TEMPELHERR   Wie sich da
Nicht Saladin wird schämen müssen!
PATRIARCH *indem er näher kömmt, winkt dem Bruder:*
Hier! –
Das ist ja wohl der Tempelherr. Was will
Er?
KLOSTERBRUDER   Weiß nicht.
PATRIARCH *auf ihn zugehend, indem der Bruder und das*
      *Gefolge zurücktreten:*
Nun, Herr Ritter! – Sehr erfreut
Den braven jungen Mann zu sehn! – Ei, noch
So gar jung! – Nun, mit Gottes Hülfe, daraus
Kann etwas werden.
TEMPELHERR   Mehr, ehrwürd'ger Herr,
Wohl schwerlich, als schon ist. Und eher noch,
Was weniger.

PATRIARCH    Ich wünsche wenigstens,
    Daß so ein frommer Ritter lange noch
    Der lieben Christenheit, der Sache Gottes
    Zu Ehr und Frommen blühn und grünen möge!
    Das wird denn auch nicht fehlen, wenn nur fein
    Die junge Tapferkeit dem reifen Rate
    Des Alters folgen will! – Womit wär' sonst
    Dem Herrn zu dienen?
TEMPELHERR    Mit dem nemlichen,
    Woran es meiner Jugend fehlt: mit Rat.
PATRIARCH
    Recht gern! – Nur ist der Rat auch anzunehmen.
TEMPELHERR    Doch blindlings nicht?
PATRIARCH    Wer sagt denn das? – Ei freilich
    Muß niemand die Vernunft, die Gott ihm gab,
    Zu brauchen unterlassen, – wo sie hin
    Gehört. – Gehört sie aber überall
    Denn hin? – O nein! – Zum Beispiel: wenn uns Gott
    Durch einen seiner Engel, – ist zu sagen,
    Durch einen Diener seines Worts, – ein Mittel
    Bekannt zu machen würdiget, das Wohl
    Der ganzen Christenheit, das Heil der Kirche,
    Auf irgend eine ganz besondre Weise
    Zu fördern, zu befestigen: wer darf
    Sich da noch unterstehn, die Willkür des,
    Der die Vernunft erschaffen, nach Vernunft
    Zu untersuchen? und das ewige
    Gesetz der Herrlichkeit des Himmels, nach
    Den kleinen Regeln einer eiteln Ehre
    Zu prüfen? – Doch hiervon genug. – Was ist
    Es denn, worüber unsern Rat für itzt
    Der Herr verlangt?
TEMPELHERR    Gesetzt, ehrwürd'ger Vater,

Ein Jude hätt' ein einzig Kind, – es sei
Ein Mädchen, – das er mit der größten Sorgfalt
Zu allem Guten auferzogen, das
Er liebe mehr als seine Seele, das
Ihn wieder mit der frommsten Liebe liebe.
Und nun würd' unser Einem hinterbracht,
Dies Mädchen sei des Juden Tochter nicht;
Er hab' es in der Kindheit aufgelesen,
Gekauft, gestohlen, – was Ihr wollt; man wisse,
Das Mädchen sei ein Christenkind, und sei
Getauft; der Jude hab' es nur als Jüdin
Erzogen; laß es nur als Jüdin und
Als seine Tochter so verharren: – sagt,
Ehrwürd'ger Vater, was wär' hierbei wohl
Zu tun?

PATRIARCH     Mich schaudert! – Doch zu allererst
Erkläre sich der Herr, ob so ein Fall
Ein Faktum oder eine Hypothes'.
Das ist zu sagen: ob der Herr sich das
Nur bloß so dichtet, oder obs geschehn,
Und fortfährt zu geschehn.

TEMPELHERR     Ich glaubte, das
Sei eins, um Euer Hochehrwürden Meinung
Bloß zu vernehmen.

PATRIARCH     Eins? – Da seh der Herr
Wie sich die stolze menschliche Vernunft
Im Geistlichen doch irren kann. – Mit nichten!
Denn ist der vorgetragne Fall nur so
Ein Spiel des Witzes: so verlohnt es sich
Der Mühe nicht, im Ernst ihn durchzudenken.
Ich will den Herrn damit auf das Theater
Verwiesen haben, wo dergleichen p r o
E t  c o n t r a sich mit vielem Beifall könnte

Behandeln lassen. – Hat der Herr mich aber
Nicht bloß mir einer theatral'schen Schnurre
Zum besten; ist der Fall ein Faktum; hätt'
Er sich wohl gar in unsrer Diöces',
In unsrer lieben Stadt Jerusalem,
Eräugnet: – ja alsdann –

TEMPELHERR  Und was alsdann?

PATRIARCH  Dann wäre mit dem Juden fördersamst
Die Strafe zu vollziehn, die Päpstliches
Und Kaiserliches Recht so einem Frevel,
So einer Lastertat bestimmen.

TEMPELHERR  So?

PATRIARCH  Und zwar bestimmen obbesagte Rechte
Dem Juden, welcher einen Christen zur
Apostasie verführt, – den Scheiterhaufen, –
Den Holzstoß –

TEMPELHERR  So?

PATRIARCH  Und wie vielmehr dem Juden,
Der mit Gewalt ein armes Christenkind
Dem Bunde seiner Tauf entreißt! Denn ist
Nicht alles, was man Kindern tut, Gewalt? –
Zu sagen: – ausgenommen, was die Kirch'
An Kindern tut.

TEMPELHERR  Wenn aber nun das Kind,
Erbarmte seiner sich der Jude nicht,
Vielleicht im Elend umgekommen wäre?

PATRIARCH
Tut nichts! der Jude wird verbrannt. – Denn besser,
Es wäre hier im Elend umgekommen,
Als daß zu seinem ewigen Verderben
Es so gerettet ward. – Zu dem, was hat
Der Jude Gott denn vorzugreifen? Gott
Kann, wen er retten will, schon ohn' ihn retten.

TEMPELHERR

Auch Trotz ihm, sollt' ich meinen, – selig machen.

PATRIARCH    Tut nichts! der Jude wird verbrannt.

TEMPELHERR    Das geht

Mir nah'! Besonders, da man sagt, er habe
Das Mädchen nicht sowohl in seinem, als
Vielmehr in keinem Glauben auferzogen,
Und sie von Gott nicht mehr nicht weniger
Gelehrt, als der Vernunft genügt.

PATRIARCH    Tut nichts!

Der Jude wird verbrannt ... Ja, wär' allein
Schon dieser wegen wert, dreimal verbrannt
Zu werden! – Was? ein Kind ohn' allen Glauben
Erwachsen lassen? – Wie? die große Pflicht
Zu glauben, ganz und gar ein Kind nicht lehren?
Das ist zu arg! – Mich wundert sehr, Herr Ritter,
Euch selbst ...

TEMPELHERR    Ehrwürd'ger Herr, das Übrige,
Wenn Gott will, in der Beichte. *will gehn.*

PATRIARCH    Was? mir nun

Nicht einmal Rede stehn? – Den Bösewicht,
Den Juden mir nicht nennen? – mir ihn nicht
Zur Stelle schaffen? – O da weiß ich Rat!
Ich geh sogleich zum Sultan. – Saladin,
Vermöge der Capitulation,
Die er beschworen, muß uns, muß uns schützen;
Bei allen Rechten, allen Lehren schützen,
Die wir zu unsrer allerheiligsten
Religion nur immer rechnen dürfen!
Gottlob! wir haben das Original.
Wir haben seine Hand, sein Siegel. Wir! –
Auch mach' ich ihm gar leicht begreiflich, wie
Gefährlich selber für den Staat es ist,

Nichts glauben! Alle bürgerliche Bande
Sind aufgelöset, sind zerrissen, wenn
Der Mensch nichts glauben darf. – Hinweg! hinweg
Mit solchem Frevel! …

TEMPELHERR    Schade, daß ich nicht
Den trefflichen Sermon mit beßrer Muße
Genießen kann! Ich bin zum Saladin
Gerufen.

PATRIARCH    Ja? – Nun so – Nun freilich – Dann –

TEMPELHERR    Ich will den Sultan vorbereiten, wenn
Es Eurer Hochehrwürden so gefällt.

PATRIARCH

O, oh! – Ich weiß, der Herr hat Gnade funden
Vor Saladin! – Ich bitte meiner nur
Im Besten bei ihm eingedenk zu sein. –
Mich treibt der Eifer Gottes lediglich.
Was ich zu viel tu, tu ich ihm. – Das wolle
Doch ja der Herr erwägen! – Und nicht wahr,
Herr Ritter? das vorhin erwähnte von
Dem Juden, war nur ein Problema? – ist
Zu sagen –

TEMPELHERR    Ein Problema. *geht ab.*

PATRIARCH    (Dem ich tiefer
Doch auf den Grund zu kommen suchen muß.
Das wär' so wiederum ein Auftrag für
Den Bruder Bonafides.) – Hier, mein Sohn!
*er spricht im abgehn mit dem Klosterbruder.*

## DRITTER AUFTRITT

*Scene: ein Zimmer im Pallaste des Saladin, in welches von
Sklaven eine Menge Beutel getragen, und auf dem Boden
neben einander gestellt werden.*
*Saladin und bald darauf Sittah.*

SALADIN *der dazu kömmt:*
  Nun wahrlich! das hat noch kein Ende. – Ist
  Des Dings noch viel zurück?
EIN SKLAVE   Wohl noch die Hälfte.
SALADIN   So tragt das Übrige zu Sittah. – Und
  Wo bleibt Al-Hafi? Das hier soll sogleich
  Al-Hafi zu sich nehmen. – Oder ob
  Ichs nicht vielmehr dem Vater schicke? Hier
  Fällt mir es doch nur durch die Finger. – Zwar
  Man wird wohl endlich hart; und nun gewiß
  Solls Künste kosten, mir viel abzuzwacken.
  Bis wenigstens die Gelder aus Aegypten
  Zur Steile kommen, mag das Armut sehn
  Wies fertig wird! – Die Spenden bei dem Grabe,
  Wenn die nur fortgehn! Wenn die Christenpilger
  Mit leeren Händen nur nicht abziehn dürfen!
  Wenn nur –
SITTAH   Was soll nun das? Was soll das Geld
  Bei mir?
SALADIN   Mach dich davon bezahlt; und leg’
  Auf Vorrat, wenn was übrig bleibt.
SITTAH   Ist Nathan
  Noch mit dem Tempelherrn nicht da?
SALADIN   Er sucht
  Ihn aller Orten.
SITTAH   Sieh doch, was ich hier,

Indem mir so mein alt Geschmeide durch
Die Hände geht, gefunden. *ihm ein klein Gemälde*
*zeigend.*

SALADIN    Ha! mein Bruder!
Das ist er, ist er! – War er! war er! ah! –
Ah wackrer lieber Junge, daß ich dich
So früh verlor! Was hätt’ ich erst mit dir,
An deiner Seit’ erst unternommen! – Sittah,
Laß mir das Bild. Auch kenn’ ichs schon: er gab
Es deiner ältern Schwester, seiner Lilla,
Die eines Morgens ihn so ganz und gar
Nicht aus den Armen lassen wollt’. Es war
Der letzte, den er ausritt. – Ah, ich ließ
Ihn reiten, und allein! – Ah, Lilla starb
Vor Gram, und hat mirs nie vergeben, daß
Ich so allein ihn reiten lassen. – Er
Blieb weg!

SITTAH    Der arme Bruder!

SALADIN    Laß nur gut
Sein! – Einmal bleiben wir doch alle weg! –
Zudem, – wer weiß? Der Tod ists nicht allein,
Der einem Jüngling seiner Art das Ziel
Verrückt. Er hat der Feinde mehr; und oft
Erliegt der Stärkste gleich dem Schwächsten. – Nun,
Sei wie ihm sei! – Ich muß das Bild doch mit
Dem jungen Tempelherrn vergleichen; muß
Doch sehn, wie viel mich mein Phantasie
Getäuscht.

SITTAH    Nur darum bring’ ichs. Aber gib
Doch, gib! Ich will dir das wohl sagen; das
Versteht ein weiblich Aug am besten.

SALADIN *zu einem Türsteher, der hereintritt*:
Wer
Ist da? – der Tempelherr? – Er komm’!

SITTAH    Euch nicht
Zu stören: ihn mit meiner Neugier nicht
Zu irren –
*sie setzt sich seitwärts auf einen Sofa und läßt den Schleier*
*fallen.*

SALADIN
Gut so! gut! – (Und nun sein Ton!
Wie der wohl sein wird! – Assads Ton
Schläft auch wohl wo in meiner Seele noch!)


**VIERTER AUFTRITT**

*Der Tempelherr und Saladin.*

TEMPELHERR    Ich, dein Gefangner, Sultan …
SALADIN    Mein Gefangner?
Wem ich das Leben schenke, werd' ich dem
Nicht auch die Freiheit schenken?
TEMPELHERR    Was dir ziemt
Zu tun, ziemt mir, erst zu vernehmen, nicht
Vorauszusetzen. Aber, Sultan, – Dank,
Besondern Dank dir für mein Leben zu
Beteuern, stimmt mit meinem Stand' und meinem
Charakter nicht. – Es steht in allen Fällen
Zu deinen Diensten wieder.
SALADIN    Brauch es nur
Nicht wider mich! – Zwar ein Paar Hände mehr,
Die gönnt' ich meinem Feinde gern. Allein
Ihm so ein Herz auch mehr zu gönnen, fällt
Mir schwer. – Ich habe mich mit dir in nichts
Betrogen, braver junger Mann! Du bist
Mit Seel und Leib mein Assad. Sieh! ich könnte

Dich fragen: wo du denn die ganze Zeit
Gesteckt? in welcher Höhle du geschlafen?
In welchem Ginnistan, von welcher guten
Div diese Blume fort und fort so frisch
Erhalten worden? Sieh! ich könnte dich
Erinnern wollen, was wir dort und dort
Zusammen ausgeführt. Ich könnte mit
Dir zanken, daß du Ein Geheimnis doch
Vor mir gehabt! Ein Abenteuer mir
Doch unterschlagen: – Ja, das könnt' ich; wenn
Ich dich nur säh', und nicht auch mich. – Nun, mags!
Von dieser süßen Träumerei ist immer
Doch so viel wahr, daß mir in meinem Herbst
Ein Assad wieder blühen soll. – Du bist
Es doch zufrieden, Ritter?

TEMPELHERR      Alles, was
Von dir mir kömmt, – sei was es will – das lag
Als Wunsch in meiner Seele.

SALADIN      Laß uns das
Sogleich versuchen. – Bliebst du wohl bei mir?
Um mir? – Als Christ, als Muselmann: gleich viel!
Im weißen Mantel, oder Jamerlonk;
Im Tulban, oder deinem Filze: wie
Du willst! Gleich viel! Ich habe nie verlangt,
Daß allen Bäumen Eine Rinde wachse.

TEMPELHERR
Sonst wärst du wohl auch schwerlich, der du bist:
Der Held, der lieber Gottes Gärtner wäre.

SALADIN
Nun dann; wenn du nicht schlechter von mir denkst:
So wären wir ja halb schon richtig?

TEMPELHERR      Ganz!

SALADIN *ihm die Hand bietend*:   Ein Wort?

TEMPELHERR *einschlagend:*

Ein Mann! – Hiermit empfange mehr
Als du mir nehmen konntest. Ganz der Deine!

SALADIN    Zu viel Gewinn für einen Tag! zu viel! –
Kam er nicht mit?

TEMPELHERR    Wer?

SALADIN    Nathan.

TEMPELHERR *frostig:*    Nein. Ich kam
Allein.

SALADIN    Welch eine Tat von dir! Und welch
Ein weises Glück, daß eine solche Tat
Zum Besten eines solchen Mannes ausschlug.

TEMPELHERR    Ja, ja!

SALADIN    So kalt? – Nein, junger Mann! wenn Gott
Was gutes durch uns tut, muß man so kalt
Nicht sein! – selbst aus Bescheidenheit so kalt
Nicht scheinen wollen!

TEMPELHERR    Daß doch in der Welt
Ein jedes Ding so manche Seiten hat! –
Von denen oft sich gar nicht denken läßt,
Wie sie zusammenpassen!

SALADIN    Halte dich
Nur immer an die best', und preise Gott!
Der weiß, wie sie zusammenpassen. – Aber,
Wenn du so schwierig sein willst, junger Mann:
So werd' auch ich ja wohl auf meiner Hut
Mich mit dir halten müssen? Leider bin
Auch ich ein Ding von vielen Seiten, die
Oft nicht so recht zu passen scheinen mögen.

TEMPELHERR

Das schmerzt! – Denn Argwohn ist so wenig sonst
Mein Fehler –

SALADIN    Nun, so sage doch, mit wem

Dus hast? – Es schien ja gar, mit Nathan. Wie?
Auf Nathan Argwohn? du? Erklär' dich! sprich!
Komm, gib mir deines Zutrauns erste Probe.

TEMPELHERR  Ich habe wider Nathan nichts. Ich zürn'
Allein mit mir.

SALADIN  Und über was?

TEMPELHERR  Daß mir
Geträumt, ein Jude könn' auch wohl ein Jude
Zu sein verlernen; daß mir wachend so
Geträumt.

SALADIN  Heraus mit diesem wachen Traume!

TEMPELHERR  Du weißt von Nathans Tochter, Sultan.
Was
Ich für sie tat, das tat ich, – weil ichs tat.
Zu stolz, Dank einzuernten, wo ich ihn
Nicht säete, verschmäht ich Tag für Tag
Das Mädchen noch einmal zu sehn. Der Vater
War fern; er kömmt; er hört; er sucht mich auf;
Er dankt; er wünscht, daß seine Tochter mir
Gefallen möge; spricht von Aussicht, spricht
Von heitern Fernen. – Nun, ich lasse mich
Beschwatzen, komme, sehe, finde wirklich
Ein Mädchen – Ah, ich muß mich schämen, Sultan! –

SALADIN  Dich schämen? – daß ein Judenmädchen auf
Dich Eindruck machte: doch wohl nimmermehr?

TEMPELHERR  Daß diesem Eindruck, auf das liebliche
Geschwätz des Vaters hin, mein rasches Herz
So wenig Widerstand entgegen setzte! –
Ich Tropf! ich sprang zum zweitenmal ins Feuer. –
Denn nun warb i c h , und nun ward i c h verschmäht.

SALADIN  Verschmäht?

TEMPELHERR  Der weise Vater schlägt nun wohl
Mich platterdings nicht aus. Der weise Vater

Muß aber doch sich erst erkunden, erst
Besinnen. Allerdings! Tat ich denn das
Nicht auch? Erkundete, besann ich denn
Mich erst nicht auch, als sie im Feuer schrie? –
Fürwahr! bei Gott! Es ist doch gar was schönes,
So weise, so bedächtig sein!

SALADIN    Nun, nun!
So sieh doch einem Alten etwas nach!
Wie lange können seine Weigerungen
Denn dauern? Wird er denn von dir verlangen,
Daß du erst Jude werden sollst?

TEMPELHERR    Wer weiß!

SALADIN    Wer weiß? – der diesen Nathan besser kennt.

TEMPELHERR
Der Aberglaub', in dem wir aufgewachsen,
Verliert, auch wenn wir ihn erkennen, darum
Doch seine Macht nicht über uns. – Es sind
Nicht alle frei, die ihrer Ketten spotten.

SALADIN
Sehr reif bemerkt! Doch Nathan wahrlich, Nathan …

TEMPELHERR
Der Aberglauben schlimmster ist, den seinen
Für den erträglichern zu halten …

SALADIN    Mag
Wohl sein! Doch Nathan …

TEMPELHERR    Dem allein
Die blöde Menschheit zu vertrauen, bis
Sie hellern Wahrheitstag gewöhne; der
Allein …

SALADIN    Gut! Aber Nathan! – Nathans Los
Ist diese Schwachheit nicht.

TEMPELHERR    So dacht' ich auch! –
Wenn gleichwohl dieser Ausbund aller Menschen

So ein gemeiner Jude wäre, daß
Er Christenkinder zu bekommen suche,
Um sie als Juden aufzuziehn: – wie dann?

SALADIN   Wer sagt ihm so was nach?

TEMPELHERR   Das Mädchen selbst,
Mit welcher er mich körnt, mit deren Hoffnung
Er gern mir zu bezahlen schiene, was
Ich nicht umsonst für sie getan soll haben: –
Dies Mädchen selbst, ist seine Tochter – nicht;
Ist ein verzettelt Christenkind.

SALADIN   Das er
Dem ungeachtet dir nicht geben wollte?

TEMPELHERR *heftig:*
Woll' oder wolle nicht! Er ist entdeckt.
Der tolerante Schwätzer ist entdeckt!
Ich werde hinter diesen jüd'schen Wolf
Im philosoph'schen Schafpelz, Hunde schon
Zu bringen wissen, die ihn zausen sollen!

SALADIN *ernst:*   Sei ruhig, Christ!

TEMPELHERR   Was? ruhig Christ? – Wenn Jud'
Und Muselmann, auf Jud', auf Muselmann
Bestehen: soll allein der Christ den Christen
Nicht machen dürfen?

SALADIN *noch ernster:* Ruhig, Christ!

TEMPELHERR *gelassen:*   Ich fühle
Des Vorwurfs ganze Last, – die Saladin
In diese Sylbe preßt! Ah, wenn ich wüßte,
Wie Assad, – Assad sich an meiner Stelle
Hierbei genommen hätte!

SALADIN   Nicht viel besser! –
Vermutlich, ganz so brausend! – Doch, wer hat
Denn dich auch schon gelehrt, mich so wie er
Mit Einem Worte zu bestechen? Freilich

Wenn alles sich verhält, wie du mir sagest:
Kann ich mich selber kaum in Nathan finden. –
Indes, er ist mein Freund, und meiner Freunde
Muß keiner mit dem andern hadern. – Laß
Dich weisen! Geh behutsam! Gieb ihn nicht
Sofort den Schwärmern deines Pöbels Preis!
Verschweig, was deine Geistlichkeit, an ihm
Zu rächen, mir so nahe legen würde!
Sei keinem Juden, keinem Muselmanne
Zum Trotz ein Christ!

TEMPELHERR    Bald wärs damit zu spät!
Doch Dank der Blutbegier des Patriarchen,
Des Werkzeug mir zu werden graute!

SALADIN    Wie?
Du kamst zum Patriarchen eher, als
Zu mir?

TEMPELHERR    Im Sturm der Leidenschaft, im Wirbel
Der Unentschlossenheit! – Verzeih! – Du wirst
Von deinem Assad, fürcht' ich, ferner nun
Nichts mehr in mir erkennen wollen.

SALADIN    Wär'
Es diese Furcht nicht selbst! Mich dünkt, ich weiß,
Aus welchen Fehlern unsre Tugend keimt.
Pfleg' diese ferner nur, und jene sollen
Bei mir dir wenig schaden. – Aber geh!
Such du nun Nathan, wie er dich gesucht;
Und bring' ihn her. Ich muß euch doch zusammen
Verständigen. – Wär' um das Mädchen dir
Im Ernst zu tun: sei ruhig. Sie ist dein!
Auch soll es Nathan schon empfinden, daß
Er ohne Schweinefleisch ein Christenkind
Erziehen dürfen! – Geh!
*Der Tempelherr geht ab, und Sittah verläßt den Sofa.*

## FÜNFTER AUFTRITT

*Saladin und Sittah.*

SITTAH    Ganz sonderbar!

SALADIN    Gelt, Sittah? Muß mein Assad nicht ein braver,
Ein schöner junger Mann gewesen sein?

SITTAH    Wenn er so war, und nicht zu diesem Bilde
Der Tempelherr vielmehr gesessen! – Aber
Wie hast du doch vergessen können dich
Nach seinen Eltern zu erkundigen?

SALADIN    Und ins besondre wohl nach seiner Mutter?
Ob seine Mutter hier zu Lande nie
Gewesen sei? – Nicht wahr?

SITTAH    Das machst du gut!

SALADIN    O, möglicher wär' nichts! Denn Assad war
Bei hübschen Christendamen so willkommen,
Auf hübsche Christendamen so erpicht,
Daß einmal gar die Rede ging – Nun, nun;
Man spricht nicht gern davon. – Genug; ich hab
Ihn wieder! – will mit allen seinen Fehlern,
Mit allen Launen seines weichen Herzens
Ihn wieder haben! – Oh! das Mädchen muß
Ihm Nathan geben. Meinst du nicht?

SITTAH    Ihm geben!
Ihm lassen!

SALADIN    Allerdings! Was hätte Nathan,
So bald er nicht ihr Vater ist, für Recht
Auf sie? Wer ihr das Leben so erhielt,
Tritt einzig in die Rechte des, der ihr
Es gab.

SITTAH    Wie also, Saladin? wenn du
Nur gleich das Mädchen zu dir nähmst? Sie nur

Dem unrechtmäßigen Besitzer gleich
Entzögest?

SALADIN    Täte das wohl Not?

SITTAH    Not nun
Wohl eben nicht! – Die liebe Neubegier
Treibt mich allein, dir diesen Rat zu geben.
Denn von gewissen Männern mag ich gar
Zu gern, so bald wie möglich, wissen, was
Sie für ein Mädchen lieben können.

SALADIN    Nun,
So schick' und laß sie holen.

SITTAH    Darf ich, Bruder?

SALADIN    Nur schone Nathans! Nathan muß durchaus
Nicht glauben, daß man mit Gewalt ihn von
Ihr trennen wolle.

SITTAH    Sorge nicht.

SALADIN    Und ich,
Ich muß schon selbst sehn, wo Al-Hafi bleibt.


## SECHSTER AUFTRITT

*Scene: die offne Flur in Nathans Hause, gegen die Palmen
zu; wie im ersten Auftritte des ersten Aufzuges.*
*Ein Teil der Waren und Kostbarkeiten liegt ausgekramt, deren
eben daselbst gedacht wird.*
*Nathan und Daja.*


DAJA    O, alles herrlich! alles auserlesen!
O, alles – wie nur Ihr es geben könnt.
Wo wird der Silberstoff mit goldnen Ranken
Gemacht? Was kostet er? – Das nenn' ich noch
Ein Brautkleid! Keine Königin verlangt
Es besser.

NATHAN    Brautkleid? Warum Brautkleid eben?

DAJA    Je nun! Ihr dachtet daran freilich nicht,
Als Ihr ihn kauftet. – Aber wahrlich, Nathan,
Der und kein andrer muß es sein! Er ist
Zum Brautkleid wie bestellt. Der weiße Grund;
Ein Bild der Unschuld: und die goldnen Ströme,
Die aller Orten diesen Grund durchschlängeln;
Ein Bild des Reichtums. Seht Ihr? Allerliebst!

NATHAN    Was witzelst du mir da? Von wessen Brautkleid
Sinnbilderst du mir so gelehrt? – Bist du
Denn Braut?

DAJA    Ich?

NATHAN    Nun wer denn?

DAJA    Ich? – Lieber Gott!

NATHAN
Wer denn? Von wessen Brautkleid sprichst du denn? –
Das alles ist ja dein, und keiner andern.

DAJA    Ist mein? Soll mein sein? – Ist für Recha nicht?

NATHAN    Was ich für Recha mitgebracht, das liegt
In einem andern Ballen. Mach! nimm weg!
Trag deine Siebensachen fort!

DAJA    Versucher!
Nein, wären es die Kostbarkeiten auch
Der ganzen Welt! Nicht rühr an! wenn Ihr mir
Vorher nicht schwört, von dieser einzigen
Gelegenheit, dergleichen Euch der Himmel
Nicht zweimal schicken wird, Gebrauch zu machen.

NATHAN    Gebrauch? von was? – Gelegenheit? wozu?

DAJA
O stellt Euch nicht so fremd! – Mit kurzen Worten!
Der Tempelherr liebt Recha: gebt sie ihm,
So hat doch einmal Eure Sünde, die
Ich länger nicht verschweigen kann, ein Ende.

So kömmt das Mädchen wieder unter Christen;
Wird wieder was sie ist; ist wieder, was
Sie ward: und Ihr, Ihr habt mit all' dem Guten,
Das wir Euch nicht genug verdanken können,
Nicht Feuerkohlen bloß auf Euer Haupt
Gesammelt.

NATHAN    Doch die alte Leier wieder? –
Mit einer neuen Saite nur bezogen,
Die, fürcht' ich, weder stimmt noch hält.

DAJA    Wie so?

NATHAN
Mir wär' der Tempelherr schon recht. Ihm gönnt'
Ich Recha mehr als einem in der Welt.
Allein – Nun, habe nur Geduld.

DAJA    Geduld?
Geduld, ist Eure alte Leier nun
Wohl nicht?

NATHAN    Nur wenig Tage noch Geduld! –
Sieh doch! – Wer kömmt denn dort? Ein
    Klosterbruder?
Geh, frag' ihn was er will.

DAJA    Was wird er wollen?
*sie geht auf ihn zu und fragt.*

NATHAN
So gieb! – und eh' er bittet. – (Wüßt' ich nur
Dem Tempelherrn erst beizukommen, ohne
Die Ursach meiner Neugier ihm zu sagen!
Denn wenn ich sie ihm sag', und der Verdacht
Ist ohne Grund: so hab' ich ganz umsonst
Den Vater auf das Spiel gesetzt.) – Was ists?

DAJA    Er will Euch sprechen.

NATHAN    Nun, so laß ihn kommen;
Und geh indes.

*Nathan und der Klosterbruder.*

NATHAN   (Ich bliebe Rechas Vater
  Doch gar zu gern! – Zwar kann ichs denn nicht
    bleiben,
  Auch wenn ich aufhör', es zu heißen? – Ihr,
  Ihr selbst werd' ichs doch immer auch noch heißen,
  Wenn sie erkennt, wie gern ichs wäre.) – Geh! –
  Was ist zu Euern Diensten, frommer Bruder?
KLOSTERBRUDER
  Nicht eben viel. – Ich freue mich, Herr Nathan,
  Euch annoch wohl zu sehn.
NATHAN   So kennt Ihr mich?
KLOSTERBRUDER
  Je nu; wer kennt Euch nicht? Ihr habt so manchem
  Ja Euern Namen in die Hand gedrückt.
  Er steht in meiner auch, seit vielen Jahren.
NATHAN   *nach seinem Beutel langend:*
  Kommt, Bruder, kommt; ich frisch' ihn auf.
KLOSTERBRUDER   Habt Dank!
  Ich würd' es ärmern stehlen; nehme nichts. –
  Wenn Ihr mir nur erlauben wollt, ein wenig
  Euch m e i n e n Namen aufzufrischen. Denn
  Ich kann mich rühmen, auch in E u r e Hand
  Etwas gelegt zu haben, was nicht zu
  Verachten war.
NATHAN   Verzeiht! – Ich schäme mich –
  Sagt, was? – und nehmt zur Buße siebenfach
  Den Wert desselben von mir an.
KLOSTERBRUDER   Hört doch
  Vor allen Dingen, wie ich selber nur

Erst heut an dies mein Euch vertrautes Pfand
Erinnert worden.

NATHAN  Mir vertrautes Pfand?

KLOSTERBRUDER  Vor kurzem saß ich noch als Eremit
Auf Quarantana, unweit Jericho.
Da kam arabisch Raubgesindel, brach
Mein Gotteshäuschen ab und meine Zelle,
Und schleppte mich mit fort. Zum Glück entkam
Ich noch, und floh hierher zum Patriarchen,
Um mir ein ander Plätzchen auszubitten,
Allwo ich meinem Gott in Einsamkeit
Bis an mein selig Ende dienen könne.

NATHAN  Ich steh auf Kohlen, guter Bruder. Macht
Es kurz. Das Pfand! das mir vertraute Pfand!

KLOSTERBRUDER
Sogleich, Herr Nathan. – Nun, der Patriarch
Versprach mir eine Siedelei auf Thabor,
Sobald als eine leer; und hieß inzwischen
Im Kloster mich als Laienbruder bleiben.
Da bin ich itzt, Herr Nathan; und verlange
Des Tags wohl hundertmal auf Thabor. Denn
Der Patriarch braucht mich zu allerlei,
Wovor ich großen Ekel habe. Zum
Exempel:

NATHAN  Macht, ich bitt' Euch!

KLOSTERBRUDER  Nun, es kömmt! –
Da hat ihm jemand heut' ins Ohr gesetzt:
Es lebe hier herum ein Jude, der
Ein Christenkind als seine Tochter sich
Erzöge.

NATHAN  Wie? *betroffen.*

KLOSTERBRUDER
Hört mich nur aus! – Indem

Er mir nun aufträgt, diesem Juden,
Wo möglich, auf die Spur zu kommen, und
Gewaltig sich ob eines solchen Frevels
Erzürnt, der ihm die wahre Sünde wider
Den heil'gen Geist bedünkt; – das ist, die Sünde,
Die aller Sünden größte Sünd' uns gilt,
Nur daß wir, Gott sei Dank, so recht nicht wissen,
Worin sie eigentlich besteht: – da wacht
Mit einmal mein Gewissen auf; und mir
Fällt bei, ich könnte selber wohl vor Zeiten
Zu dieser unverzeihlig großen Sünde
Gelegenheit gegeben haben. – Sagt:
Hat Euch ein Reitknecht nicht vor achtzehn Jahren
Ein Töchterchen gebracht von wenig Wochen?

NATHAN    Wie das? – Nun freilich – allerdings –

KLOSTERBRUDER    Ei, seht
Mich doch recht an! – Der Reitknecht, der bin ich.

NATHAN    Seid Ihr?

KLOSTERBRUDER    Der Herr, von welchem ichs Euch
    brachte,
War – ist mir recht – ein Herr von Filnek. – Wolf
Von Filnek!

NATHAN    Richtig!

KLOSTERBRUDER    Weil die Mutter kurz
Vorher gestorben war; und sich der Vater
Nach – mein' ich – Gazza plötzlich werfen mußte,
Wohin das Würmchen ihm nicht folgen konnte:
So sandt ers Euch. Und traf ich Euch damit
Nicht in Darun?

NATHAN    Ganz recht!

KLOSTERBRUDER    Es wär' kein Wunder,
Wenn mein Gedächtnis mich betrög'. Ich habe
Der braven Herrn so viel gehabt; und diesem

Hab' ich nur gar zu kurze Zeit gedient.
Er blieb bald drauf bei Askalon; und war
Wohl sonst ein lieber Herr.

NATHAN    Ja wohl! ja wohl!
Dem ich so viel, so viel zu danken habe!
Der mehr als einmal mich dem Schwert entrissen!

KLOSTERBRUDER
O schön! So werd't Ihr seines Töchterchens
Euch um so lieber angenommen haben.

NATHAN    Das könnt Ihr denken.

KLOSTERBRUDER    Nun, wo ist es denn?
Es ist doch wohl nicht etwa gar gestorben? –
Laßts lieber nicht gestorben sein! – Wenn sonst
Nur niemand um die Sache weiß: so hat
Es gute Wege.

NATHAN    Hat es?

KLOSTERBRUDER    Traut mir, Nathan!
Denn seht, ich denke so! Wenn an das Gute,
Das ich zu tun vermeine, gar zu nah
Was gar zu Schlimmes grenzt: so tu ich lieber
Das Gute nicht; weil wir das Schlimme zwar
So ziemlich zuverlässig kennen, aber
Bei weiten nicht das Gute. – War ja wohl
Natürlich; wenn das Christentöchterchen
Recht gut von Euch erzogen werden sollte:
Daß Ihrs als Euer eigen Töchterchen
Erzögt. – Das hättet Ihr mit aller Lieb'
Und Treue nun getan, und müßtet so
Belohnet werden? Das will mir nicht ein.
Ei freilich, kluger hättet Ihr getan;
Wenn Ihr die Christin durch die zweite Hand
Als Christin auferziehen lassen: aber
So hättet Ihr das Kindchen Eures Freunds

Auch nicht geliebt. Und Kinder brauchen Liebe,
Wärs eines wilden Tieres Lieb' auch nur,
In solchen Jahren mehr, als Christentum.
Zum Christentume hats noch immer Zeit.
Wenn nur das Mädchen sonst gesund und fromm
Vor Euern Augen aufgewachsen ist,
So bliebs vor Gottes Augen, was es war.
Und ist denn nicht das ganze Christentum
Aufs Judentum gebaut? Es hat mich oft
Geärgert, hat mir Tränen gnug gekostet,
Wenn Christen gar so sehr vergessen konnten,
Daß unser Herr ja selbst ein Jude war.

NATHAN   Ihr, guter Bruder, müßt mein Fürsprach
  sein,
Wenn Haß und Gleißnerei sich gegen mich
Erheben sollten, − wegen einer Tat −
Ah, wegen einer Tat! − Nur Ihr, Ihr sollt
Sie wissen! − Nehmt sie aber mit ins Grab!
Noch hat mich nie die Eitelkeit versucht,
Sie jemand andern zu erzählen. Euch
Allein erzähl' ich sie. Der frommen Einfalt
Allein erzähl' ich sie. Weil die allein
Versteht, was sich der gottergebne Mensch
Für Taten abgewinnen kann.

KLOSTERBRUDER   Ihr seid
Gerührt, und Euer Auge steht voll Wasser?

NATHAN   Ihr traft mich mit dem Kinde zu Darun.
Ihr wißt wohl aber nicht, daß wenig Tage
Zuvor, in Gath die Christen alle Juden
Mit Weib und Kind ermordet hatten; wißt
Wohl nicht, daß unter diesen meine Frau
Mit sieben hoffnungsvollen Söhnen sich
Befunden, die in meines Bruders Hause,

Zu dem ich sie geflüchtet, insgesamt
Verbrennen müssen.

KLOSTERBRUDER  Allgerechter!

NATHAN  Als
Ihr kamt, hatt' ich drei Tag' und Nächt' in Asch'
Und Staub vor Gott gelegen, und geweint. –
Geweint? Beiher mit Gott auch wohl gerechtet,
Gezürnt, getobt, mich und die Welt verwünscht;
Der Christenheit den unversöhnlichsten
Haß zugeschworen –

KLOSTERBRUDER  Ach! Ich glaubs Euch wohl!

NATHAN  Doch nun kam die Vernunft allmählig wieder.
Sie sprach mit sanfter Stimm': »und doch ist Gott!
Doch war auch Gottes Ratschluß das! Wohlan!
Komm! übe, was du längst begriffen hast;
Was sicherlich zu üben schwerer nicht,
Als zu begreifen ist, wenn du nur willst.
Steh auf!« – Ich stand! und rief zu Gott: ich will!
Willst du nur, daß ich will! – Indem stiegt Ihr
Vom Pferd', und überreichtet mir das Kind,
In Euern Mantel eingehüllt. – Was Ihr
Mir damals sagtet; was ich Euch: hab' ich
Vergessen. So viel weiß ich nur; ich nahm
Das Kind, trugs auf mein Lager, küßt' es, warf
Mich auf die Knie' und schluchzte: Gott! auf Sieben
Doch nun schon Eines wieder!

KLOSTERBRUDER  Nathan! Nathan!
Ihr seid ein Christ! – Bei Gott, Ihr seid ein Christ!
Ein beßrer Christ war nie!

NATHAN  Wohl uns! Denn was
Mich Euch zum Christen macht, das macht Euch
    mir
Zum Juden! – Aber laßt uns länger nicht

Einander nur erweichen. Hier brauchts Tat!
Und ob mich siebenfache Liebe schon
Bald an dies einz'ge fremde Mädchen band;
Ob der Gedanke mich schon tötet, daß
Ich meine sieben Söhn' in ihr aufs neue
Verlieren soll: – wenn sie von meinen Händen
Die Vorsicht wieder fodert, – ich gehorche!

KLOSTERBRUDER
Nun vollends! – Eben das bedacht' ich mich
So viel, Euch anzuraten! Und so hats
Euch Euer guter Geist schon angeraten!

NATHAN  Nur muß der erste beste mir sie nicht
Entreißen wollen!

KLOSTERBRUDER  Nein, gewiß nicht!

NATHAN  Wer
Auf sie nicht größre Rechte hat, als ich;
Muß frühere zum mindsten haben –

KLOSTERBRUDER  Freilich!

NATHAN  Die ihm Natur und Blut erteilen.

KLOSTERBRUDER  So
Mein' ich es auch!

NATHAN  Drum nennt mir nur geschwind
Den Mann, der ihr als Bruder oder Ohm,
Als Vetter oder sonst als Sipp verwandt:
Ihm will ich sie nicht vorenthalten – Sie,
Die jedes Hauses, jedes Glaubens Zierde
Zu sein erschaffen und erzogen ward. –
Ich hoff, Ihr wißt von diesem Euern Herrn
Und dem Geschlechte dessen, mehr als ich.

KLOSTERBRUDER
Das, guter Nathan, wohl nun schwerlich! – Denn
Ihr habt ja schon gehört, daß ich nur gar
Zu kurze Zeit bei ihm gewesen.

NATHAN  Wißt
Ihr denn nicht wenigstens, was für Geschlechts
Die Mutter war? – War sie nicht eine Stauffin?
KLOSTERBRUDER  Wohl möglich! – Ja, mich dünkt.
NATHAN  Hieß nicht ihr Bruder
Conrad von Stauffen? – und war Tempelherr?
KLOSTERBRUDER
Wenn michs nicht triegt. Doch halt! Da fällt mir ein,
Daß ich vom selgen Herrn ein Büchelchen
Noch hab'. Ich zogs ihm aus dem Busen, als
Wir ihn bei Askalon verscharrten.
NATHAN  Nun?
KLOSTERBRUDER  Es sind Gebete drin. Wir nennens ein
Brevier. – Das, dacht' ich, kann ein Christenmensch
Ja wohl noch brauchen. – Ich nun freilich nicht –
Ich kann nicht lesen –
NATHAN  Tut nichts! – Nur zur Sache.
KLOSTERBRUDER
In diesem Büchelchen stehn vorn und hinten,
Wie ich mir sagen lassen, mit des Herrn
Selbeigner Hand, die Angehörigen
Von ihm und ihr geschrieben.
NATHAN  O erwünscht!
Geht! lauft! holt mir das Büchelchen. Geschwind!
Ich bin bereit mit Gold es aufzuwiegen;
Und tausend Dank dazu! Eilt! lauft!
KLOSTERBRUDER  Recht gern!
Es ist Arabisch aber, was der Herr
Hineingeschrieben. *ab.*
NATHAN  Einerlei! Nur her! –
Gott! wenn ich doch das Mädchen noch behalten,
Und einen solchen Eidam mir damit
Erkaufen könnte! – Schwerlich wohl! – Nun, fall'

Es aus, wie's will! – Wer mag es aber denn
Gewesen sein, der bei dem Patriarchen
So etwas angebracht? Das muß ich doch
Zu fragen nicht vergessen. – Wenn es gar
Von Daja käme?

## ACHTER AUFTRITT

*Daja und Nathan.*

DAJA *eilig und verlegen:*  Denkt doch, Nathan!

NATHAN  Nun?

DAJA  Das arme Kind erschrak wohl recht darüber!
Da schickt …

NATHAN  Der Patriarch?

DAJA  Des Sultans Schwester,
Prinzessin Sittah …

NATHAN  Nicht der Patriarch?

DAJA  Nein Sittah! – Hört Ihr nicht? – Prinzessin Sittah
Schickt her, und läßt sie zu sich holen.

NATHAN  Wen?
Läßt Recha holen? – Sittah läßt sie holen? –
Nun; wenn sie Sittah holen läßt, und nicht
Der Patriarch –

DAJA  Wie kommt Ihr denn auf den?

NATHAN  So hast du kürzlich nichts von ihm gehört?
Gewiß nicht? Auch ihm nichts gesteckt?

DAJA  Ich? ihm?

NATHAN  Wo sind die Boten?

DAJA  Vorn.

NATHAN  Ich will sie doch
Aus Vorsicht selber sprechen. Komm! – Wenn nur
Vom Patriarchen nichts dahinter ist. *ab.*

DAJA  Und ich – ich fürchte ganz was anders noch.
Was gilts? die einzige vermeinte Tochter
So eines reichen Juden wär' auch wohl
Für einen Muselmann nicht übel? – Hui,
Der Tempelherr ist drum. Ist drum: wenn ich
Den zweiten Sehritt nicht auch noch wage; nicht
Auch ihr noch selbst entdecke, wer sie ist! –
Getrost! Laß mich den ersten Augenblick,
Den ich allein sie habe, dazu brauchen!
Und der wird sein – vielleicht nun eben, wenn
Ich sie begleite. So ein erster Wink
Kann unterwegens wenigstens nicht schaden.
Ja, ja! Nur zu! Itzt oder nie! Nur zu! *ihm nach.*

# FÜNFTER AUFZUG

## ERSTER AUFTRITT

*Scene: das Zimmer in Saladins Pallaste, in welches die Beutel*
*mit Geld getragen worden, die noch zu sehen.*
*Saladin und bald darauf verschiedne Mameluken.*

SALADIN *im Hereintreten:*
  Da steht das Geld nun noch! Und niemand weiß
  Den Derwisch aufzufinden, der vermutlich
  Ans Schachbrett irgendwo geraten ist,
  Das ihn wohl seiner selbst vergessen macht; –
  Warum nicht meiner? – Nun, Geduld! Was giebts?
EIN MAMELUK
  Erwünschte Nachricht, Sultan! Freude, Sultan! …
  Die Karavane von Kahira kömmt;
  Ist glücklich da! mit siebenjährigem
  Tribut des reichen Nils.
SALADIN    Brav, Ibrahim!
  Du bist mir wahrlich ein willkommner Bote! –
  Ha! endlich einmal! endlich! – Habe Dank
  Der guten Zeitung.
DER MAMELUK *wartend:*    (Nun? nur her damit!)
SALADIN    Was wart'st du? – Geh nur wieder.
DER MAMELUK    Dem Willkommnen
  Sonst nichts?
SALADIN    Was denn noch sonst?
DER MAMELUK    Dem guten Boten
  Kein Botenbrot? – So wär ich ja der Erste,
  Den Saladin mit Worten abzulohnen,
  Doch endlich lernte? – Auch ein Ruhm! – Der Erste,
  Mit dem er knickerte.

SALADIN    So nimm dir nur
Dort einen Beutel.

DER MAMELUK    Nein, nun nicht! Du kannst
Mir sie nun alle schenken wollen.

SALADIN    Trotz! –
Komm her! Da hast du zwei. – Im Ernst? er geht?
Tut mirs an Edelmut zuvor? – Denn sicher
Muß ihm es saurer werden, auszuschlagen,
Als mir zu geben. – Ibrahim! – Was kömmt
Mir denn auch ein, so kurz vor meinem Abtritt
Auf einmal ganz ein andrer sein zu wollen? –
Will Saladin als Saladin nicht sterben? –
So mußt' er auch als Saladin nicht leben.

EIN ZWEITER MAMELUK    Nun, Sultan! …

SALADIN    Wenn du mir zu melden kömmst …

ZWEITER MAMELUK
Daß aus Aegypten der Transport nun da!

SALADIN    Ich weiß schon.

ZWEITER MAMELUK    Kam ich doch zu spät!

SALADIN    Warum
Zu spät – Da nimm für deinen guten Willen
Der Beutel einen oder zwei.

ZWEITER MAMELUK    Macht drei!

SALADIN
Ja, wenn du rechnen kannst! – So nimm sie nur.

ZWEITER MAMELUK
Es wird wohl noch ein Dritter kommen, – wenn
Er anders kommen kann.

SALADIN    Wie das?

ZWEITER MAMELUK    Je nu;
Er hat auch wohl den Hals gebrochen! Denn
Sobald wir drei der Ankunft des Transports
Versichert waren, sprengte jeder frisch

148

Davon. Der Vorderste, der stürzt; und so
Komm ich nun vor, und bleib' auch vor bis in
Die Stadt; Wo aber Ibrahim, der Lecker,
Die Gassen besser kennt.

SALADIN   O der gestürzte!
Freund, der gestürzte! – Reit ihm doch entgegen.

ZWEITER MAMELUK
Das werd ich ja wohl tun! – Und wenn er lebt:
So ist die Hälfte dieser Beutel sein, *geht ab.*

SALADIN   Sieh, welch ein edler Kerl auch das! –
Wer kann sich solcher Mameluken rühmen?
Und wär' mir denn zu denken nicht erlaubt,
Daß sie mein Beispiel bilden helfen? – Fort
Mit dem Gedanken, sie zu guter letzt
Noch an ein anders zu gewöhnen! …

EIN DRITTER MAMELUK   Sultan, …

SALADIN   Bist dus, der stürzte?

DRITTER MAMELUK   Nein. Ich melde nur, –
Daß Emir Mansor, der die Karavane
Geführt, vom Pferde steigt …

SALADIN   Bring ihn' geschwind! –
Da ist er ja! –


ZWEITER AUFTRITT

*Emir Mansor und Saladin.*

SALADIN   Willkommen, Emir! Nun,
Wie ists gegangen? – Mansor, Mansor, hast
Uns lange warten lassen!

MANSOR   Dieser Brief
Berichtet, was dein Abulkassem erst

Für Unruh in Thebais dämpfen müssen:
Eh' wir es wagen durften abzugehen.
Den Zug darauf hab' ich beschleuniget
So viel, wie möglich war.

SALADIN    Ich glaube dir! —
Und nimm nur, guter Mansor, nimm sogleich —
Du tust es aber doch auch gern? — nimm frische
Bedeckung nur so gleich. Du mußt sogleich
Noch weiter; mußt der Gelder größern Teil
Auf Libanon zum Vater bringen.

MANSOR    Gern!
Sehr gern!

SALADIN    Und nimm dir die Bedeckung ja
Nur nicht zu schwach. Es ist um Libanon
Nicht alles mehr so sicher. Hast du nicht
Gehört? Die Tempelherrn sind wieder rege.
Sei wohl auf deiner Hut! Komm nur! Wo hält
Der Zug? Ich will ihn sehn; und alles selbst
Betreiben. — Ihr! ich bin sodann bei Sittah.


DRITTER AUFTRITT

*Scene: die Palmen vor Nathans Hause, wo der Tempelherr*
*auf und nieder geht.*

Ins Haus nun will ich einmal nicht. — Er wird
Sich endlich doch wohl sehen lassen! — Man
Bemerkte mich ja sonst so bald, so gern! —
Wills noch erleben, daß er sichs verbittet,
Vor seinem Hause mich so fleißig finden
Zu lassen. — Hm! — ich bin doch aber auch
Sehr ärgerlich. — Was hat mich denn nun so

Erbittert gegen ihn? – Er sagte ja:
Noch schlüg' er mir nichts ab. Und Saladin
Hats über sich genommen, ihn zu stimmen. –
Wie? sollte wirklich wohl in mir der Christ
Noch tiefer nisten, als in ihm der Jude? –
Wer kennt sich recht? Wie könnt ich ihm denn sonst
Den kleinen Raub nicht gönnen wollen, den
Er sichs zu solcher Angelegenheit
Gemacht, den Christen abzujagen? – Freilich;
Kein kleiner Raub, ein solch Geschöpf! – Geschöpf!
Und wessen? – Doch des Sklaven nicht, der auf
Des Lebens öden Strand den Block geflößt,
Und sich davon gemacht? Des Künstlers doch
Wohl mehr, der in dem hingeworfnen Blocke
Die göttliche Gestalt sich dachte, die
Er dargestellt? – Ach! Rechas wahrer Vater
Bleibt, Trotz dem Christen, der sie zeugte – bleibt
In Ewigkeit der Jude. – Wenn ich mir
Sie lediglich als Christendirne denke,
Sie sonder alles das mir denke, was
Allein ihr so ein Jude geben konnte: –
Sprich, Herz, – was wär' an ihr, das dir gefiel?
Nichts! Wenig! Selbst ihr Lächeln, wär' es nichts
Als sanfte schöne Zuckung ihrer Muskeln;
Wär', was sie lächeln macht, des Reizes unwert,
In den es sich auf ihrem Munde kleidet: –
Nein; selbst ihr Lächeln nicht! Ich hab' es ja
Wohl schöner noch an Aberwitz, an Tand,
An Höhnerei, an Schmeichler und an Buhler,
Verschwenden sehn! – Hats da mich auch bezaubert?
Hats da mir auch den Wunsch entlockt, mein Leben
In seinem Sonnenscheine zu verflattern? –
Ich wüßte nicht. Und bin auf den doch launisch

Der diesen höhern Wert allein ihr gab?
Wie das? warum? – Wenn ich den Spott verdiente,
Mit dem mich Saladin entließ! Schon schlimm
Genug, daß Saladin es glauben konnte!
Wie klein ich ihm da scheinen mußte! wie
Verächtlich! – Und das alles um ein Mädchen? –
Curd! Curd! das geht so nicht. Lenk' ein! Wenn
  vollends
Mir Daja nur was vorgeplaudert hätte,
Was schwerlich zu erweisen stünde? – Sieh,
Da tritt er endlich, in Gespräch vertieft,
Aus seinem Hause! – Ha! mit wem! – Mit ihm?
Mit meinem Klosterbruder? – Ha! so weiß
Er sicherlich schon alles! ist wohl gar
Dem Patriarchen schon verraten! – Ha!
Was hab' ich Querkopf nun gestiftet! – Daß
Ein einz'ger Funken dieser Leidenschaft
Doch unsers Hirns so viel verbrennen kann! –
Geschwind entschließ dich, was nunmehr zu tun!
Ich will hier seitwärts ihrer warten; – ob
Vielleicht der Klosterbruder ihn verläßt.


## VIERTER AUFTRITT

*Nathan und der Klosterbruder.*

NATHAN *im näher kommen:*
 Habt nochmals, guter Bruder, vielen Dank!
KLOSTERBRUDER Und Ihr desgleichen!
NATHAN Ich? von Euch? wofür?
 Für meinen Eigensinn, Euch aufzudringen,
 Was Ihr nicht braucht – Ja, wenn ihm Eurer nur

Auch nachgegeben hätt'; Ihr mit Gewalt
Nicht wolltet reicher sein, als ich.

KLOSTERBRUDER  Das Buch
Gehört ja ohne dem nicht mir; gehört
Ja ohne dem der Tochter; ist ja so
Der Tochter ganzes väterliches Erbe. –
Je nu, sie hat ja Euch. – Gott gebe nur,
Daß Ihr es nie bereuen dürft, so viel
Für sie getan zu haben!

NATHAN  Kann ich das?
Das kann ich nie. Seid unbesorgt!

KLOSTERBRUDER  Nu, nu!
Die Patriarchen und die Tempelherren ...

NATHAN  Vermögen mir des Bösen nie so viel
Zu tun, daß irgend was mich reuen könnte:
Geschweige, das! – Und seid Ihr denn so ganz
Versichert, daß ein Tempelherr es ist,
Der Euern Patriarchen hetzt?

KLOSTERBRUDER  Es kann
Beinah kein andrer sein. Ein Tempelherr
Sprach kurz vorher mit ihm; und was ich hörte,
Das klang darnach.

NATHAN  Es ist doch aber nur
Ein einziger itzt in Jerusalem.
Und diesen kenn' ich. Dieser ist mein Freund.
Ein junger, edler, offner Mann!

KLOSTERBRUDER  Ganz recht;
Der nemliche! – Doch was man ist, und was
Man sein muß in der Welt, das paßt ja wohl
Nicht immer.

NATHAN  Leider nicht. – So tue, wers
Auch immer ist, sein Schlimmstes oder Bestes!
Mit Euerm Buche, Bruder, trotz' ich allen;
Und gehe graden Wegs damit zum Sultan.

KLOSTERBRUDER

Viel Glücks! Ich will Euch denn nur hier verlassen.

NATHAN     Und habt sie nicht einmal gesehn? – Kommt ja

Doch bald, doch fleißig wieder. – Wenn nur heut

Der Patriarch noch nichts erfährt! – Doch was?

Sagt ihm auch heute, was Ihr wollt.

KLOSTERBRUDER     Ich nicht.

Lebt wohl! *geht ab.*

NATHAN     Vergeßt uns ja nicht, Bruder! – Gott!

Daß ich nicht gleich hier unter freiem Himmel

Auf meine Kniee sinken kann! Wie sich

Der Knoten, der so oft mir bange machte,

Nun von sich selber löset! – Gott! wie leicht

Mir wird, daß ich nun weiter auf der Welt

Nichts zu verbergen habe! daß ich vor

Den Menschen nun so frei kann wandeln, als

Vor dir, der du allein den Menschen nicht

Nach seinen Taten brauchst zu richten, die

So selten seine Taten sind, o Gott! –


FÜNFTER AUFTRITT

*Nathan und der Tempelherr, der von der Seite auf ihn zu
kömmt.*


TEMPELHERR     He! wartet, Nathan; nehmt mich mit!

NATHAN     Wer ruft? –

Seid Ihr es, Ritter? Wo gewesen, daß

Ihr bei dem Sultan Euch nicht treffen lassen?

TEMPELHERR

Wir sind einander fehl gegangen. Nehmts

Nicht übel.

NATHAN    Ich nicht! aber Saladin …

TEMPELHERR
Ihr wart nur eben fort …

NATHAN    Und spracht ihn doch?
Nun, so ists gut.

TEMPELHERR    Er will uns aber beide
Zusammen sprechen.

NATHAN    Desto besser. Kommt
Nur mit. Mein Gang stand ohnehin zu ihm. –

TEMPELHERR    Ich darf ja doch wohl fragen, Nathan, wer
Euch da verließ?

NATHAN    Ihr kennt ihn doch wohl nicht?

TEMPELHERR
Wars nicht die gute Haut, der Laienbruder,
Des sich der Patriarch so gern zum Stöber
Bedient?

NATHAN    Kann sein! Beim Patriarchen ist
Er allerdings.

TEMPELHERR    Der Pfiff ist gar nicht übel:
Die Einfalt vor der Schurkerei voraus
Zu schicken.

NATHAN    Ja, die dumme; – nicht die fromme.

TEMPELHERR    An fromme glaubt kein Patriarch.

NATHAN    Für den
Nun steh ich. Der wird seinem Patriarchen
Nichts ungebührliches vollziehen helfen.

TEMPELHERR    So stellt er wenigstens sich an. – Doch hat
Er Euch von mir denn nichts gesagt?

NATHAN    Von Euch?
Von Euch nun namentlich wohl nichts. – Er weiß
Ja wohl auch schwerlich Euern Namen?

TEMPELHERR    Schwerlich.

NATHAN    Von einem Tempelherren freilich hat
Er mir gesagt …

TEMPELHERR   Und was?

NATHAN   Womit er Euch
Doch ein für allemal nicht meinen kann!

TEMPELHERR   Wer weiß? Laßt doch nur hören.

NATHAN   Daß mich Einer
Bei seinem Patriarchen angeklagt …

TEMPELHERR
Euch angeklagt? – Das ist, mit seiner Gunst –
Erlogen. – Hört mich, Nathan! – Ich hin nicht
Der Mensch, der irgend etwas abzuleugnen
Im Stande wäre. Was ich tat, das tat ich!
Doch bin ich auch nicht der, der alles, was
Er tat, als wohl getan verteid'gen möchte.
Was sollt' ich eines Fehls mich schämen? Hab'
Ich nicht den festen Vorsatz ihn zu bessern?
Und weiß ich etwa nicht, wie weit mit dem
Es Menschen bringen können? – Hört mich,
     Nathan! –
Ich bin des Laienbruders Tempelherr,
Der Euch verklagt soll haben, allerdings. –
Ihr wißt ja, was mich wurmisch machte! was
Mein Blut in allen Adern sieden machte!
Ich Gauch! – ich kam, so ganz mit Leib und Seele
Mich in die Armen Euch zu werfen. Wie
Ihr mich empfingt – wie kalt – wie lau – Denn lau
Ist schlimmer noch als kalt; wie abgemessen
Mir auszubeugen Ihr beflissen wart;
Mit welchen aus der Luft gegriffnen Fragen
Ihr Antwort mir zu geben scheinen wolltet:
Das darf ich kaum mir itzt noch denken, wenn
Ich soll gelassen bleiben. – Hört mich, Nathan! –
In dieser Gärung schlich mir Daja nach,
Und warf mir ihr Geheimnis an den Kopf,

Das mir den Aufschluß Euers rätselhaften
Betragens zu enthalten schien.

NATHAN  Wie das?

TEMPELHERR  Hört mich nur aus! – Ich bildete mir ein,
Ihr wolltet, was Ihr einmal nun den Christen
So abgejagt, an einen Christen wieder
Nicht gern verlieren. Und so fiel mir ein,
Euch kurz und gut das Messer an die Kehle
Zu setzen.

NATHAN  Kurz und gut? und gut? – Wo steckt
Das Gute?

TEMPELHERR  Hört mich, Nathan! – Allerdings:
Ich tat nicht recht! – Ihr seid wohl gar nicht schuldig.
Die Närrin Daja weiß nicht was sie spricht –
Ist Euch gehässig – Sucht Euch nur damit
In einen bösen Handel zu verwickeln –
Kann sein! kann sein! – Ich bin ein junger Laffe,
Der immer nur an beiden Enden schwärmt;
Bald viel zu viel, bald viel zu wenig tut –
Auch das kann sein! Verzeiht mir, Nathan.

NATHAN  Wenn
Ihr so mich freilich fasset –

TEMPELHERR  Kurz, ich ging
Zum Patriarchen! – hab' Euch aber nicht
Genannt. Das ist erlogen, wie gesagt!
Ich hab ihm bloß den Fall ganz allgemein
Erzählt, um seine Meinung zu vernehmen. –
Auch das hätt' unterbleiben können: ja doch! –
Denn kannt' ich nicht den Patriarchen schon
Als einen Schurken? Konnt' ich Euch nicht selber
Nur gleich zur Rede stellen? – Mußt ich der
Gefahr, so einen Vater zu verlieren,
Das arme Mädchen opfern? – Nun, was tuts?

Die Schurkerei des Patriarchen, die
So ähnlich immer sich erhält, hat mich
Des nächsten Weges wieder zu mir selbst
Gebracht. – Denn hört mich, Nathan; hört mich aus! –
Gesetzt; er wüßt' auch Euern Namen: was
Nun mehr, was mehr? – Er kann Euch ja das
   Mädchen
Nur nehmen, wenn sie niemands ist, als Euer.
Er kann sie doch aus E u e r m Hause nur
Ins Kloster schleppen. – Also – gebt sie mir!
Gebt sie nur mir; und laßt ihn kommen. Ha!
Er solls wohl bleiben lassen, mir mein Weib
Zu nehmen. – Gebt sie mir; geschwind! – Sie sei
Nun Eure Tochter, oder sei es nicht!
Sei Christin, oder Jüdin, oder keines!
Gleich viel! gleich viel! Ich werd' Euch weder itzt
Noch jemals sonst in meinem ganzen Leben
Darum befragen. Sei, wie's sei!

NATHAN   Ihr wähnt
Wohl gar, daß mir die Wahrheit zu verbergen
Sehr nötig?

TEMPELHERR   Sei, wie's sei!

NATHAN   Ich hab' es ja
Euch – oder wem es sonst zu wissen ziemt –
Noch nicht geleugnet, daß sie eine Christin,
Und nichts als meine Pflegetochter ist. –
Warum ichs aber ihr noch nicht entdeckt? –
Darüber brauch' ich nur bei ihr mich zu
Entschuldigen.

TEMPELHERR   Das sollt Ihr auch bei ihr
Nicht brauchen. – Gönnts ihr doch, daß sie Euch nie
Mit andern Augen darf betrachten! Spart
Ihr die Entdeckung doch! – Noch habt Ihr ja,

Ihr ganz allein, mit ihr zu schalten. Gebt
Sie mir! Ich bitt' Euch, Nathan; gebt sie mir!
Ich bins allein, der sie zum zweitenmale
Euch retten kann – und will.

NATHAN    Ja – konnte! konnte!
Nun auch nicht mehr. Es ist damit zu spät.

TEMPELHERR    Wie so? zu spät?

NATHAN    Dank sei dem Patriarchen …

TEMPELHERR
Dem Patriarchen? Dank? ihm Dank? wofür?
Dank hätte d e r bei uns verdienen wollen?
Wofür? wofür?

NATHAN    Daß wir nun wissen, wem
Sie anverwandt; nun wissen, wessen Händen
Sie sicher ausgeliefert werden kann.

TEMPELHERR
Das dank' ihm – wer für mehr ihm danken wird!

NATHAN    Aus diesen müßt Ihr sie nun auch erhalten;
Und nicht aus meinen.

TEMPELRITTER    Arme Recha! Was
Dir alles zustößt, arme Recha! Was
Ein Glück für andre Waisen wäre, wird
Dein Unglück! – Nathan! – Und wo sind sie, diese
Verwandte?

NATHAN    Wo sind sie?

TEMPELHERR    Und wer sie sind?

NATHAN    Besonders hat ein Bruder sich gefunden,
Bei dem Ihr um sie werben müßt.

TEMPELHERR    Ein Bruder?
Was ist er, dieser Bruder? Ein Soldat?
Ein Geistlicher? – Laßt hören, was ich mir
Versprechen darf.

NATHAN    Ich glaube, daß er keines

Von beiden – oder beides ist. Ich kenn'
Ihn noch nicht recht.

TEMPELHERR   Und sonst?

NATHAN   Ein braver Mann!
Bei dem sich Recha gar nicht übel wird
Befinden.

TEMPELHERR   Doch ein Christ! – Ich weiß zu Zeiten
Auch gar nicht, was ich von Euch denken soll: –
Nehmt mirs nicht ungut, Nathan. – Wird sie nicht
Die Christin spielen müssen, unter Christen?
Und wird sie, was sie lange gnug gespielt,
Nicht endlich werden? Wird den lautern Weizen,
Den Ihr gesä't, das Unkraut endlich nicht
Ersticken? – Und das kümmert Euch so wenig?
Dem ungeachtet könnt Ihr sagen – Ihr? –
Daß sie bei ihrem Bruder sich nicht übel
Befinden werde?

NATHAN   Denk' ich! hoff' ich! – Wenn
Ihr ja bei ihm was mangeln sollte, hat
Sie Euch und mich denn nicht noch immer?

TEMPELHERR   Oh!
Was wird bei ihm ihr mangeln können! Wird
Das Brüderchen mit Essen und mit Kleidung,
Mit Naschwerk und mit Putz, das Schwesterchen
Nicht reichlich gnug versorgen? Und was braucht
Ein Schwesterchen denn mehr? – Ei freilich: auch
Noch einen Mann! – Nun, nun; auch den, auch den
Wird ihr das Brüderchen zu seiner Zeit
Schon schaffen; wie er immer nur zu finden!
Der Christlichste der Beste! – Nathan, Nathan!
Was hattet Ihr für einen Engel da gebildet,
Den Euch nun andre so verhunzen werden!

NATHAN   Hat keine Not! Er wird sich unsrer Liebe

Noch immer wert genug behaupten.

TEMPELHERR  Sagt
Das nicht! Von m e i n e r Liebe sagt das nicht!
Denn die läßt nichts sich unterschlagen; nichts.
Es sei auch noch so klein! Auch keinen Namen! –
Doch halt! – Argwohnt sie wohl bereits, was mit
Ihr vorgeht?

NATHAN  Möglich; ob ich schon nicht wüßte,
Woher?

TEMPELHERR  Auch eben viel; sie soll – sie muß
In beiden Fällen, was ihr Schicksal droht,
Von mir zuerst erfahren. Mein Gedanke,
Sie eher wieder nicht zu sehn, zu sprechen,
Als bis ich sie die Meine nennen dürfe,
Fällt weg. Ich eile …

NATHAN  Bleibt! wohin?

TEMPELHERR  Zu ihr!
Zu sehn, ob diese Mädchenseele Manns genug
Wohl ist, den einzigen Entschluß zu fassen
Der ihrer würdig wäre!

NATHAN  Welchen?

TEMPELHERR  Den:
Nach Euch und ihrem Bruder weiter nicht
Zu fragen –

NATHAN  Und?

TEMPELHERR  Und mir zu folgen; – wenn
Sie drüber eines Muselmannes Frau
Auch werden müßte.

NATHAN  Bleibt! Ihr trefft sie nicht.
Sie ist bei Sittah, bei des Sultans Schwester.

TEMPELHERR  Seit wenn! warum?

NATHAN  Und wollt Ihr da bei ihnen
Zugleich den Bruder finden: kommt nur mit.

TEMPELHERR

Den Bruder? welchen? Sittah's oder Recha's?

NATHAN

Leicht beide. Kommt nur mit! Ich bitt' Euch, kommt!
*Er führt ihn fort.*


## SECHSTER AUFTRITT

*Scene: in Sittah's Harem.*
*Sittah und Recha in Unterhaltung begriffen.*

SITTAH

Was freu ich mich nicht deiner, süßes Mädchen! –
Sei so beklemmt nur nicht! so angst! so schüchtern! –
Sei munter! sei gesprächicher! vertrauter!

RECHA   Prinzessin, …

SITTAH   Nicht doch! nicht Prinzessin! Nenn
Mich Sittah, – deine Freundin, – deine Schwester.
Nenn mich dein Mütterchen! – Ich könnte das
Ja schier auch sein. – So jung! so klug! so fromm!
Was du nicht alles weißt! nicht alles mußt
Gelesen haben!

RECHA   Ich gelesen? – Sittah,
Du spottest deiner kleinen albern Schwester.
Ich kann kaum lesen.

SITTAH   Kannst kaum, Lügnerin!

RECHA   Ein wenig meines Vaters Hand! – Ich meinte,
Du sprächst von Büchern.

SITTAH   Allerdings!

RECHA

Nun, Bücher wird mir wahrlich schwer zu lesen! –

SITTAH   Im Ernst?

RECHA    In ganzem Ernst. Mein Vater liebt
    Die kalte Buchgelehrsamkeit, die sich
    Mit toten Zeichen ins Gehirn nur drückt,
    Zu wenig.
SITTAH    Ei, was sagst du! – Hat indes
    Wohl nicht sehr Unrecht! – Und so manches, was
    Du weißt …?
RECHA    Weiß ich allein aus seinem Munde.
    Und könnte bei dem Meisten dir noch sagen,
    Wie? wo? warum? er michs gelehrt.
SITTAH    So hängt
    Sich freilich alles besser an. So lernt
    Mit eins die ganze Seele.
RECHA    Sicher hat
    Auch Sittah wenig oder nichts gelesen!
SITTAH    Wie so? – Ich bin nicht stolz aufs Gegenteil. –
    Allein wie so? Dein Grund! Sprich dreist. Dein Grund?
RECHA    Sie ist so schlecht und recht; so unverkünstelt;
    So ganz sich selbst nur ähnlich …
SITTAH    Nun?
RECHA    Das sollen
    Die Bücher uns nur selten lassen: sagt
    Mein Vater.
SITTAH    O was ist dein Vater für
    Ein Mann!
RECHA    Nicht wahr?
SITTAH    Wie nah er immer doch
    Zum Ziele trifft!
RECHA    Nicht wahr? – Und diesen Vater –
SITTAH    Was ist dir, Liebe?
RECHA    Diesen Vater –
SITTAH    Gott!
    Du weinst?

RECHA    Und diesen Vater – Ah! es muß
Heraus! Mein Herz will Luft, will Luft …
*wirft sich, von Tränen überwältiget, zu ihren Füßen.*

SITTAH    Kind, was
Geschieht dir? Recha?

RECHA    Diesen Vater soll –
Soll ich verlieren!

SITTAH    Du? verlieren? ihn?
Wie das? – Sei ruhig! – Nimmermehr! – Steh auf!

RECHA    Du sollst vergebens dich zu meiner Freundin,
Zu meiner Schwester nicht erboten haben!

SITTAH    Ich bins ja! bins! – Steh doch nur auf! Ich muß
Sonst Hülfe rufen.

RECHA  *die sich ermannt, und aufsteht:*
Ah! verzeih! vergieb! –
Mein Schmerz hat mich vergessen machen, wer
Du bist. Vor Sittah gilt kein Winseln, kein
Verzweifeln. Kalte, ruhige Vernunft
Will alles über sie allein vermögen.
Wes Sache diese bei ihr führt, der siegt!

SITTAH    Nun dann?

RECHA    Nein; meine Freundin, meine Schwester
Giebt das nicht zu! Giebt nimmer zu, daß mir
Ein andrer Vater aufgedrungen werde!

SITTAH    Ein andrer Vater? aufgedrungen? dir?
Wer kann das? kann das auch nur wollen, Liebe?

RECHA    Wer? Mein gute böse Daja kann
Das wollen, – will das können. – Ja; du kennst
Wohl diese gute böse Daja nicht?
Nun, Gott vergeb’ es ihr! – belohn’ es ihr!
Sie hat mir so viel Gutes, – so viel Böses
Erwiesen!

SITTAH    Böses dir? – So muß sie Gutes
Doch wahrlich wenig haben.

RECHA    Doch! recht viel,
Recht viel!

SITTAH    Wer ist sie?

RECHA    Eine Christin, die
In meiner Kindheit mich gepflegt; mich so
Gepflegt! – Du glaubst nicht! – Die mir eine Mutter
So wenig missen lassen! – Gott vergelt'
Es ihr! – Die aber mich auch so geängstet!
Mich so gequält!

SITTAH    Und über was? warum?
Wie?

RECHA    Ach! die arme Frau, – ich sag' dirs ja –
Ist eine Christin; – muß aus Liebe quälen; –
Ist eine von den Schwärmerinnen, die
Den allgemeinen, einzig wahren Weg
Nach Gott, zu wissen wähnen!

SITTAH    Nun versteh' ich!

RECHA    Und sich gedrungen fühlen, einen jeden,
Der dieses Wegs verfehlt, darauf zu lenken. –
Kaum können sie auch anders. Denn ists wahr,
Daß dieser Weg allein nur richtig führt:
Wie sollen sie gelassen ihre Freunde
Auf einem andern wandeln sehn, – der ins
Verderben stürzt, ins ewige Verderben?
Es müßte möglich sein, denselben Menschen
Zur selben Zeit zu lieben und zu hassen. –
Auch ists das nicht, was endlich laute Klagen
Mich über sie zu führen zwingt. Ihr Seufzen,
Ihr Warnen, ihr Gebet, ihr Drohen hätt'
Ich gern noch länger ausgehalten; gern!
Es brachte mich doch immer auf Gedanken,
Die gut und nützlich. Und wem schmeichelts doch
Im Grunde nicht, sich gar so wert und teuer,

Von wems auch sei, gehalten fühlen, daß
Er den Gedanken nicht ertragen kann,
Er müß' einmal auf ewig uns entbehren!

SITTAH    Sehr wahr!

RECHA    Allein – allein – das geht zu weit!
Dem kann ich nichts entgegensetzen; nicht
Geduld, nicht Überlegung; nichts!

SITTAH    Was? wem?

RECHA    Was sie mir eben itzt entdeckt will haben.

SITTAH    Entdeckt? und eben itzt?

RECHA    Nur eben itzt!
Wir nahten, auf dem Weg' hierher, uns einem
Verfallnen Christentempel. Plötzlich stand
Sie still; schien mit sich selbst zu kämpfen; blickte
Mit nassen Augen bald gen Himmel, bald
Auf mich. Komm, sprach sie endlich, laß uns hier
Durch diesen Tempel in die Richte gehn!
Sie geht; ich folg' ihr, und mein Auge schweift
Mit Graus die wankenden Ruinen durch.
Nun steht sie wieder; und ich sehe mich
An den versunknen Stufen eines morschen
Altars mit ihr. Wie ward mir? als sie da
Mit heißen Tränen, mit gerungnen Händen,
Zu meinen Füßen stürzte …

SITTAH    Gutes Kind!

RECHA    Und bei der Göttlichen, die da wohl sonst
So manch Gebet erhört, so manches Wunder
Verrichtet habe, mich beschwor; – mit Blicken
Des wahren Mitleids mich beschwor, mich meiner
Doch zu erbarmen! – Wenigstens, ihr zu
Vergeben, wenn sie mir entdecken müsse,
Was ihre Kirch' auf mich für Anspruch habe.

SITTAH    (Unglückliche! – Es ahndte mir!)

RECHA    Ich sei

Aus christlichem Geblüte; sei getauft;
Sei Nathans Tochter nicht; er nicht mein Vater! –
Gott! Gott! Er nicht mein Vater! – Sittah! Sittah!
Sieh mich aufs neu' zu deinen Füßen …

SITTAH    Recha!
Nicht doch! steh auf! – Mein Bruder kömmt! steh auf!


## SIEBENDER AUFTRITT

*Saladin und die Vorigen.*

SALADIN    Was giebts hier, Sittah?

SITTAH    Sie ist von sich! Gott!

SALADIN    Wer ists?

SITTAH    Du weißt ja …

SALADIN    Unsers Nathans Tochter?
Was fehlt ihr?

SITTAH    Komm doch zu dir, Kind! – Der Sultan …

RECHA *die sich auf den Knieen zu Saladins Füßen schleppt,*
    *den Kopf zur Erden gesenkt:*
Ich steh nicht auf! nicht eher auf! – mag eher
Des Sultans Antlitz nicht erblicken! – eher
Den Abglanz ewiger Gerechtigkeit
Und Güte nicht in seinen Augen, nicht
Auf seiner Stirn bewundern …

SALADIN    Steh … steh auf!

RECHA    Eh er mir nicht verspricht …

SALADIN    Komm! ich verspreche …
Sei was es will!

RECHA    Nicht mehr, nicht weniger,
Als meinen Vater mir zu lassen; und

Mich ihm! – Noch weiß ich nicht, wer sonst mein
  Vater
Zu sein verlangt; – verlangen kann. Wills auch
Nicht wissen. Aber macht denn nur das Blut
Den Vater? nur das Blut?

SALADIN *der sie aufhebt:* Ich merke wohl! –
  Wer war so grausam denn, dir selbst – dir selbst
  Dergleichen in den Kopf zu setzen? Ist
  Es denn schon völlig ausgemacht? erwiesen?

RECHA Muß wohl! Denn Daja will von meiner Amm'
  Es haben.

SALADIN Deiner Amme!

RECHA Die es sterbend
  Ihr zu vertrauen sich verbunden fühlte.

SALADIN
  Gar sterbend! – Nicht auch faselnd schon? – Und wärs
  Auch wahr! – Ja wohl: das Blut, das Blut allein
  Macht lange noch den Vater nicht! macht kaum
  Den Vater eines Tieres! giebt zum höchsten
  Das erste Recht, sich diesen Namen zu
  Erwerben! – Laß dir doch nicht bange sein! –
  Und weißt du was? Sobald der Väter zwei
  Sich um dich streiten: – laß sie beide; nimm
  Den dritten! – Nimm dann mich zu deinem Vater!

SITTAH O tu's! O tu's!

SALADIN Ich will ein guter Vater,
  Recht guter Vater sein! – Doch halt! mir fällt
  Noch viel was Bessers bei. – Was brauchst du denn
  Der Väter überhaupt? Wenn sie nun sterben?
  Bei Zeiten sich nach einem umgesehn,
  Der mit uns um die Wette leben will!
  Kennst du noch keinen? …

SITTAH Mach sie nicht erröten!

SALADIN   Das hab' ich allerdings mir vorgesetzt.
Erröten macht die Häßlichen so schön:
Und sollte Schöne nicht noch schöner machen? –
Ich habe deinen Vater Nathan; und
Noch einen – einen noch hierher bestellt.
Errätst du ihn? – Hierher! Du wirst mir doch
Erlauben, Sittah?
SITTAH   Bruder!
SALADIN   Daß du ja
Vor ihm recht sehr errötest, liebes Mädchen!
RECHA   Vor wem? erröten? …
SALADIN   Kleine Heuchlerin!
Nun so erblasse lieber! – Wie du willst
Und kannst! –
*Eine Sklavin tritt herein, und nahet sich Sittah.*
Sie sind doch etwa nicht schon da?
SITTAH   *zur Sklavin:*
Gut! laß sie nur herein. Sie sind es, Bruder!


LETZTER AUFTRITT

*Nathan und der Tempelherr zu den Vorigen.*

SALADIN   Ah, meine guten lieben Freunde! – Dich,
Dich, Nathan, muß ich nur vor allen Dingen
Bedeuten, daß du nun, sobald du willst,
Dein Geld kannst wiederholen lassen! …
NATHAN   Sultan! …
SALADIN   Nun steh ich auch zu deinen Diensten …
NATHAN   Sultan! …
SALADIN   Die Karavan' ist da. Ich bin so reich
Nun wieder, als ich lange nicht gewesen. –

Komm, sag' mir, was du brauchst, so recht was Großes
Zu unternehmen! Denn auch ihr, auch ihr,
Ihr Handelsleute, könnt des baren Geldes
Zu viel nie haben!

NATHAN    Und warum zuerst
Von dieser Kleinigkeit? – Ich sehe dort
Ein Aug' in Tränen, das zu trocknen, mir
Weit angelegner ist. *geht auf Recha zu:* Du hast
   geweint?
Was fehlt dir? – bist doch meine Tochter noch?

RECHA    Mein Vater! ...

NATHAN    Wir verstehen uns. Genug! –
Sei heiter! Sei gefaßt! Wenn sonst dein Herz
Nur dein noch ist! Wenn deinem Herzen sonst
Nur kein Verlust nicht droht! – Dein Vater ist
Dir unverloren!

RECHA    Keiner, keiner sonst!

TEMPELHERR
Sonst keiner? – Nun! so hab' ich mich betrogen.
Was man nicht zu verlieren fürchtet, hat
Man zu besitzen nie geglaubt, und nie
Gewünscht. – Recht wohl! recht wohl! – Das ändert,
   Nathan,
Das ändert alles! – Saladin, wir kamen
Auf dein Geheiß. Allein, ich hatte dich
Verleitet: itzt bemüh dich nur nicht weiter!

SALADIN
Wie gach nun wieder, junger Mann! – Soll alles
Dir denn entgegen kommen? alles dich
Erraten?

TEMPELHERR    Nun du hörst ja! siehst ja, Sultan!

SALADIN
Ei wahrlich! – Schlimm genug, daß deiner Sache
Du nicht gewisser warst!

TEMPELHERR  So bin ichs nun.

SALADIN  Wer so auf irgend eine Wohltat trotzt,
Nimmt sie zurück. Was du gerettet, ist
Deswegen nicht dein Eigentum. Sonst wär'
Der Räuber, den sein Geiz ins Feuer jagt,
So gut ein Held, wie du!
*auf Recha zugehend, um sie dem Tempelherrn*
*zuzuführen:*
Komm, liebes Mädchen,
Komm! Nimms mit ihm nicht so genau. Denn wär'
Er anders; wär' er minder warm und stolz:
Er hätt' es bleiben lassen, dich zu retten.
Du mußt ihm eins fürs andre rechnen. – Komm!
Beschäm ihn! tu, was ihm zu tun geziemte!
Bekenn' ihm deine Liebe! trage dich ihm an!
Und wenn er dich verschmäht; dirs je vergißt,
Wie ungleich mehr in diesem Schritte du
Für ihn getan, als er für dich … Was hat
Er denn für dich getan? Ein wenig sich
Beräuchern lassen! ist was rechts! – so hat
Er meines Bruders, meines Assad, nichts!
So trägt er seine Larve, nicht sein Herz.
Komm, Liebe …

SITTAH  Geh! geh, Liebe, geh! Es ist
Für deine Dankbarkeit noch immer wenig;
Noch immer nichts.

NATHAN  Halt Saladin! halt Sittah!

SALADIN  Auch du?

NATHAN  Hier hat noch einer mit zu sprechen …

SALADIN  Wer leugnet das? – Unstreitig, Nathan, kömmt
So einem Pflegevater eine Stimme
Mit zu! Die erste, wenn du willst. – Du hörst,
Ich weiß der Sache ganze Lage.

NATHAN    Nicht so ganz! –
   Ich rede nicht von mir. Es ist ein andrer;
   Weit, weit ein andrer, den ich, Saladin,
   Doch auch vorher zu hören bitte.

SALADIN    Wer?

NATHAN    Ihr Bruder!

SALADIN    Recha's Bruder?

NATHAN    Ja!

RECHA    Mein Bruder?
   So hab ich einen Bruder?

TEMPELHERR *aus seiner wilden, stummen Zerstreuung*
   *auffahrend:*
   Wo? wo ist
   Er dieser Bruder? Noch nicht hier? Ich sollt'
   Ihn hier ja treffen.

NATHAN    Nur Geduld!

TEMPELHERR *äußerst bitter:*    Er hat
   Ihr einen Vater aufgebunden: – wird
   Er keinen Bruder für sie finden?

SALADIN    Das
   hat noch gefehlt! Christ! ein so niedriger
   Verdacht wär über Assads Lippen nicht
   Gekommen. – Gut! fahr nur so fort'!

NATHAN    Verzeih
   Ihm! – Ich verzeih ihm gern. – Wer weiß, was wir
   An seiner Stell', in seinem Alter dächten!
   *freundschaftlich auf ihn zugehend:*
   Natürlich, Ritter! – Argwohn folgt auf Mißtraun! –
   Wenn Ihr mich Euers w a h r e n Namens gleich
   Gewürdigt hättet …

TEMPELHERR    Wie?

NATHAN    Ihr seid kein Stauffen!

TEMPELHERR    Wer bin ich denn?

NATHAN    Heißt Curd von Stauffen nicht!

TEMPELHERR    Wie heiß ich denn?

NATHAN    Heißt Leu von Filneck.

TEMPELHERR    Wie?

NATHAN    Ihr stutzt?

TEMPELHERR    Mit Recht! Wer sagt das?

NATHAN    Ich; der mehr,
Noch mehr Euch sagen kann. Ich straf' indes
Euch keiner Lüge.

TEMPELHERR    Nicht?

NATHAN    Kann doch wohl sein,
Daß jener Nam' Euch ebenfalls gebührt.

TEMPELHERR    Das sollt ich meinen! – (Das hieß Gott
ihn sprechen!)

NATHAN    Denn Eure Mutter – die war eine Stauffin.
Ihr Bruder, Euer Ohm, der Euch erzogen,
Dem Eure Eltern Euch in Deutschland ließen,
Als, von dem rauhen Himmel dort vertrieben,
Sie wieder hier zu Lande kamen: – Der
Hieß Curd von Stauffen; mag an Kindesstatt
Vielleicht Euch angenommen haben! – Seid
Ihr lange schon mit ihm nun auch herüber
Gekommen? Und er lebt doch noch?

TEMPELHERR    Was soll
Ich sagen? – Nathan! – Allerdings! So ists!
Er selbst ist tot. Ich kam erst mit der letzten
Verstärkung unsers Ordens. – Aber, aber –
Was hat mit diesem allen Recha's Bruder
Zu schaffen?

NATHAN    Euer Vater ...

TEMPELHERR    Wie? auch den
Habt Ihr gekannt? Auch den?

NATHAN    Er war mein Freund.

TEMPELHERR   War Euer Freund? Ists möglich, Nathan! …

NATHAN   Nannte
Sich Wolf von Filneck; aber war kein Deutscher …

TEMPELHERR   Ihr wißt auch das?

NATHAN   War einer Deutschen nur
Vermählt; war Eurer Mutter nur nach Deutschland
Auf kurze Zeit gefolgt …

TEMPELHERR   Nicht mehr! Ich bitt'
Euch! – Aber Recha's Bruder? Recha's Bruder …

NATHAN   Seid Ihr!

TEMPELHERR   Ich? ich ihr Bruder?

RECHA   Er mein Bruder?

SITTAH   Geschwister!

SALADIN   Sie Geschwister!

RECHA *will auf ihn zu:*   Ah! mein Bruder!

TEMPELHERR *tritt zurück:*   Ihr Bruder!

RECHA *hält an, und wendet sich zu Nathan:*
Kann nicht sein! nicht sein! – Sein Herz
weiß nichts davon! – Wir sind Betrieger! Gott!

SALADIN *zum Tempelherrn:*
Betrieger? wie? Das denkst du? kannst du denken?
Betrieger selbst! Denn alles ist an dir erlogen.
Gesicht und Stimm und Gang! Nichts dein! nichts
   dein!
So eine Schwester nicht erkennen wollen! Geh!

TEMPELHERR *sich demütig ihm nahend:*
Mißdeut' auch du nicht mein Erstaunen, Sultan!
Verkenn' in einem Augenblick', in dem
Du schwerlich deinen Assad je gesehen,
Nicht ihn und mich!
*auf Nathan zu eilend:*
Ihr nehmt und gebt mir, Nathan!
Mit vollen Händen beides! – Nein! Ihr gebt

Mir mehr, als Ihr mir nehmt! unendlich mehr!
*Recha um den Hals fallend:*
Ah meine Schwester! meine Schwester!

NATHAN    Blanda
Von Filneck!

TEMPELHERR    Blanda? Blanda? Recha nicht?
Nicht Eure Recha mehr? – Gott! Ihr verstoßt
Sie! gebt ihr ihren Christennamen wieder!
Verstoßt sie meinetwegen! – Nathan! Nathan!
Warum es sie entgelten lassen? sie!

NATHAN    Und was? – O meine Kinder! meine Kinder! –
Denn meiner Tochter Bruder wär mein Kind
Nicht auch, – sobald er will?
*Indem er sich ihren Umarmungen überläßt, tritt Saladin mit
unruhigem Erstaunen zu seiner Schwester.*

SALADIN    Was sagst du, Schwester?

SITTAH    Ich bin gerührt ...

SALADIN    Und ich, – ich schaudere
Vor einer größern Rührung fast zurück!
Bereite dich nur drauf, so gut du kannst.

SITTAH    Wie?

SALADIN    Nathan, auf ein Wort! ein Wort! –
*Indem Nathan zu ihm tritt, tritt Sittah zu dem Geschwi-
ster, ihm ihre Teilnehmung zu bezeigen; und Nathan und
Saladin sprechen leiser:*
Hör! hör doch, Nathan! Sagtest du vorhin
Nicht –?

NATHAN    Was?

SALADIN    Aus Deutschland sei ihr Vater nicht
Gewesen; ein geborner Deutscher nicht.
Was war er denn? wo war er sonst denn her?

NATHAN    Das hat er selbst mir nie vertrauen wollen,
Aus seinem Munde weiß ich nichts davon.

SALADIN  Und war auch sonst kein Frank? kein
   Abendländer?
NATHAN  O! daß er der nicht sei, gestand er wohl. –
   Er sprach am liebsten Persisch …
SALADIN  Persisch? Persisch?
   Was will ich mehr? – Er ists! Er war es!
NATHAN  Wer?
SALADIN  Mein Bruder! ganz gewiß! Mein Assad! ganz
   Gewiß!
NATHAN  Nun, wenn du selbst darauf verfällst: –
   Nimm die Versichrung hier in diesem Buche!
   *ihm das Brevier überreichend.*
SALADIN *es begierig aufschlagend:*
   Ah! seine Hand! Auch die erkenn’ ich wieder!
NATHAN  Noch wissen sie von nichts! Noch stehts bei dir
   Allein, was sie davon erfahren sollen!
SALADIN *indes er darin geblättert:*
   Ich meines Bruders Kinder nicht erkennen?
   Ich meine Neffen – meine Kinder nicht?
   Sie nicht erkennen? ich? Sie dir wohl lassen?
   *wieder laut:*
   Sie sinds! sie sind es, Sittah, sind! Sie sinds!
   Sind beide meines … deines Bruders Kinder!
   *er rennt in ihre Umarmungen.*
SITTAH *ihm folgend:*
   Was hör’ ich! – Konnts auch anders, anders sein! –
SALADIN *zum Tempelherrn:*
   Nun mußt du doch wohl, Trotzkopf, mußt mich
      lieben!
   *zu Recha:*
   Nun bin ich doch, wozu ich mich erbot?
   Magst wollen, oder nicht!
SITTAH  Ich auch! ich auch!

SALADIN *zum Tempelherrn zurück:*
Mein Sohn! mein Assad! meines Assads Sohn!

TEMPELHERR    Ich deines Bluts! – So waren jene Träume,
Womit man meine Kindheit wiegte, doch –
Doch mehr als Träume! *ihm zu Füßen fallend.*

SALADIN *ihn aufhebend:*    Seht den Bösewicht!
Er wußte was davon, und konnte mich
Zu seinem Mörder machen wollen! Wart!
*Unter stummer Wiederholung allseitiger Umarmungen fällt
der Vorhang.*

# BRIEFE, DIE
# NEUESTE LITERATUR
# BETREFFEND

# SECHZEHNTER BRIEF.

Ich vernehme mit Vergnügen, daß Ihnen die *Bibliothek der schönen Wissenschaften und der freien Künste* in die Hände gekommen. Lassen Sie sich in Ihrer guten Meinung von diesem kritischen Werke nichts irren. Man hat ihr Parteilichkeit und Tadelsucht vorgeworfen; aber konnten sich die mittelmäßigen Schriftsteller, welche sie kritisiert hatte, anders verantworten? Diese Herren, welche so gern jedes Gericht der Critik für eine grausame Inquisition ausschreien, machen sehr seltsame Forderungen. Sie behaupten, der Kunstrichter müsse nur die Schönheiten eines Werkes aufsuchen, und die Fehler desselben eher bemänteln, als bloß stellen. In zwei Fällen bin ich selbst ihrer Meinung. *Einmal*, wenn der Kunstrichter Werke von einer ausgemachten Güte vor sich hat; die besten Werke der Alten, zum Exempel. *Zweitens*, wenn der Kunstrichter nicht sowohl gute Schriftsteller, als nur bloß gute Leser bilden will. Aber in keinem von diesen Fällen befinden sich die Verfasser der Bibliothek. Die Güte eines Werks beruhet nicht auf einzeln Schönheiten; diese einzelne Schönheiten müssen ein schönes Ganze ausmachen, oder der Kenner kann sie nicht anders, als mit einem zürnenden Mißvergnügen lesen. Nur wenn das Ganze untadelhaft befunden wird, muß der Kunstrichter von einer nachteiligen Zergliederung abstehen, und das Werk so, wie der Philosoph die Welt, betrachten. Allein wenn das Ganze keine angenehme Wirkung macht, wenn ich offenbar sehe, der Künstler hat angefangen zu arbeiten, ohne selbst zu wissen, was er machen will, alsdenn muß man so gutherzig nicht sein, und einer schönen Hand wegen, ein häßliches Gesicht, oder eines reizendes Fußes wegen, einen Buckel übersehen. Und daß dieses, wie billig, unsere Verfasser nur sehr selten getan haben, darin bestehet ihre ganze Strenge. Denn einigemal haben sie es doch getan, und *mir* sind sie noch lange nicht strenge genug.

Wenn Sie mir daher erlauben, daß ich die Bibliothek meinen Briefen gleichsam zur Basis machen darf; so bitte ich mir auch die Freiheit aus, verschiedenes darin anzeigen zu dürfen, womit ich so vollkommen nicht zufrieden bin. Meine Erinnerungen werden größten Teils dahinaus laufen, daß die Verfasser, wie gesagt, hier und da, und nicht bloß gegen Dichter, viel zu nachsehend gewesen sind.

Wie wenig, z. E. erinnern sie bei des Hrn. Prof. *Gottscheds nötigem Vorrate zur Geschichte der deutschen dramatischen Dichtkunst*; und wie manches ist doch darin, das man ihm notwendig aufdecken sollte.

Können Sie sich einbilden, daß der Mann, welcher die *Hans Rosenblüts*, die *Peter Probsts* und *Hans Sachsens* so wohl kennet, nur denjenigen nicht kennet, der doch bis itzt dem deutschen Theater die meiste Ehre gemacht hat; unsern *Johann Elias Schlegel*? Unter dem Jahr 1747 führt er die *Theatralischen Werke* desselben an, und sagt: »Hier stehen 1. Canut; 2. der Geheimnisvolle; 3. die Trojanerinnen; 4. des Sophokles Elektra; 5. die stumme Schönheit; 6. die lange Weile.« Die beiden letzern stehen nicht darin, sondern machen nebst dem Lustspiele, *der Triumph der guten Frauen*, welches es gar nicht anführet, einen besondern Band, welchen der Verfasser *Beiträge zu dem Dänischen Theater* benennet hat.

Und wie viel andere Unterlassungssünden hat Hr. *Gottsched* begangen, die ihm das Lob der Bibliothek sehr streitig machen, »daß er etwas so vollständiges geliefert habe, als man sonst, bei Sammlungen von dieser Art, von der Bemühung eines einzigen Mannes kaum erwarten könne.« – Nicht einmal die dramatischen Werke seines *Mylius* hat er alle gekannt; denn den *Unerträglichen* vermissen wir gar, und von den *Ärzten* muß er auch nicht gewußt haben, daß *Mylius* Verfasser davon gewesen.

Hat er es aber gewußt, und hat er ihn nur deswegen nicht genannt, weil er sich selbst nicht zu nennen für gut befunden; warum nennt er denn den Verfasser der *alten Jungfer*?

Ich kenne sonst – und bin gar wohl damit zufrieden, – sehr wenig von unserm dramatischen Wuste; aber auch das wenige finde ich bei dem patriotischen Κοπροφορω noch lange nicht alle. So fehlen bei dem Jahre 1747 gleich zwei Stücke, der *Ehestand*, und das Lustspiel auf die Eroberung von Berg op Zoom etc.

Und vor allen Dingen: warum fehlt denn *Anne Dore, oder die Einquartierung, ein Schäferspiel, in einem Aufzuge*? Dieses Mensch kennet der Herr Professor doch ganz gewiß, und es ist gar nicht dankbar, daß er ihrer wenigstens nicht bei Gelegenheit seiner *Schaubühne* erwähnet hat.

## SIEBZEHNTER BRIEF.

*Den 16. Februar 1759.*

»Niemand«, sagen die Verfasser der Bibliothek, »wird leugnen, daß die deutsche Schaubühne einen großen Teil ihrer ersten Verbesserung dem Herrn Professor *Gottsched* zu danken habe.«

Ich bin dieser Niemand; ich leugne es gerade zu. Es wäre zu wünschen, daß sich Herr *Gottsched* niemals mit dem Theater vermengt hätte. Seine vermeinten Verbesserungen betreffen entweder entbehrliche Kleinigkeiten, oder sind wahre Verschlimmerungen.

Als die *Neuberin* blühte, und so mancher den Beruf fühlte, sich um sie und die Bühne verdient zu machen, sahe es freilich mit unserer dramatischen Poesie sehr elend aus. Man kannte keine Regeln; man bekümmerte sich um keine Muster. Unsre *Staats- und Helden-Actionen* waren voller Unsinn, Bombast, Schmutz und Pöbelwitz. Unsre *Lustspiele* bestanden in Verkleidungen und Zaubereien; und Prügel waren die witzigsten Einfälle derselben. Dieses Verderbnis einzusehen, brauchte man eben nicht der feinste und größte Geist zu sein. Auch war Herr *Gottsched* nicht der erste, der es einsahe; er war nur der erste, der sich Kräfte genug zutraute, ihm abzuhelfen. Und wie ging er damit zu Werke? Er verstand ein wenig Französisch und fing an zu übersetzen; er ermunterte alles, was reimen und Oui Monsieur verstehen konnte, gleichfalls zu übersetzen; er verfertigte, wie ein Schweizerischer Kunstrichter sagt, mit *Kleister und Schere* seinen *Cato*; er ließ den *Darius* und die *Austern*, die *Elise* und den *Bock im Processe*, den *Aurelius* und den *Wizling*, die *Banise* und den *Hypocondristen*, ohne Kleister und Schere machen; er legte seinen Fluch auf das extemporieren; er ließ den Harlequin feierlich vom Theater vertreiben, welches selbst die größte Harlequinade war, die jemals gespielt worden; kurz, er wollte nicht sowohl unser altes Theater verbessern, als der Schöpfer eines ganz neuen sein. Und was für eines neuen? Eines Französierenden; ohne zu untersuchen, ob dieses französierende Theater der deutschen Denkungsart angemessen sei, oder nicht.

Er hätte aus unsern alten dramatischen Stücken, welche er vertrieb, hinlänglich abmerken können, daß wir mehr in den Geschmack der Engländer, als der Franzosen einschlagen; daß wir in unsern Trauerspielen mehr sehen und denken wollen, als uns das furchtsame französische Trauerspiel zu sehen und zu denken giebt; daß das Große, das Schreckliche, das Melancholische, besser auf uns wirkt als das Artige, das Zärtliche, das Verliebte; daß uns die zu große Einfalt mehr ermüde, als die zu große Verwickelung etc. Er hätte also auf dieser Spur bleiben sollen, und sie würde ihn geraden Weges auf das englische Theater geführet haben. – Sagen Sie ja nicht, daß er auch dieses zu nutzen gesucht; wie sein *Cato* es beweise. Denn eben dieses, daß er den *Addisonschen Cato* für das beste Englische Trauerspiel hält, zeiget deutlich, daß er hier nur mit den Augen der Franzosen gesehen, und damals keinen *Shakespear*, keinen *Johnson*, keinen *Beaumont* und *Fletcher* etc. gekannt hat, die er hernach aus Stolz auch nicht hat wollen kennen lernen.

Wenn man die Meisterstücke des *Shakespear*, mit einigen bescheidenen Veränderungen, unsern Deutschen übersetzt hätte, ich weiß gewiß, es würde von bessern Folgen gewesen sein, als daß man sie mit dem *Corneille* und *Racine* so bekannt gemacht hat. Erstlich würde das Volk an jenem weit mehr Geschmack gefunden haben, als es an diesen nicht finden kann; und zweitens würde jener ganz andere Köpfe unter uns erweckt haben, als man von diesen zu rühmen weiß. Denn ein *Genie* kann nur von einem *Genie* entzündet werden; und am leichtesten von so einem, das alles bloß der Natur zu danken zu haben scheinet, und durch die mühsamen Vollkommenheiten der Kunst nicht abschrecket.

Auch nach den Mustern der Alten die Sache zu entscheiden, ist *Shakespear* ein weit größerer tragischer Dichter als *Corneille*; obgleich dieser die Alten sehr wohl, und jener fast gar nicht gekannt hat. *Corneille* kömmt ihnen in der mechanischen Einrichtung, und *Shakespear* in dem Wesentlichen näher. Der Engländer erreicht den Zweck der Tragödie fast immer, so sonderbare und ihm eigene Wege er auch wählet; und der Franzose erreicht ihn fast niemals, ob er gleich die gebahnten Wege der Alten betritt. Nach dem *Oedipus* des *Sophokles* muß in der Welt kein Stück mehr Gewalt über unsere Leidenschaften haben, als *Othello*, als König *Leer*, als *Hamlet* etc. Hat *Corneille* ein einziges Trauerspiel, daß Sie nur halb so gerühret hätte, als die *Zayre* des *Voltaire*? Und die *Zayre* des *Voltaire*, wie weit ist sie unter dem *Mohren von Venedig*, dessen schwache Copie sie ist, und von welchem der ganze Character des *Orosmans* entlehnet worden?

Daß aber unsre alten Stücke wirklich sehr viel Englisches gehabt haben, könnte ich Ihnen mit geringer Mühe weitläuftig beweisen. Nur das bekannteste derselben zu nennen; *Doctor Faust* hat eine Menge Scenen, die nur ein Shakespearsches Genie zu denken vermögend gewesen. Und wie verliebt war Deutschland, und ist es zum Teil noch, in seinen *Doctor Faust*! Einer von meinen Freunden verwahret einen alten Entwurf dieses Trauerspiels, und er hat mir einen Auftritt daraus mitgeteilt, in welchem gewiß ungemein viel großes liegt. Sind Sie begierig ihn zu lesen? Hier ist er! – *Faust* verlangt den schnellsten Geist der Hölle zu seiner Bedienung. Er macht seine Beschwörungen; es erscheinen derselben sieben; und nun fängt sich die *dritte Scene des zweiten Aufzugs* an.

*Faust und sieben Geister.*

Was sagen Sie zu dieser Scene? Sie wünschen ein deutsches Stück, das lauter solche Scenen hätte? Ich auch!

# HAMBURGISCHE DRAMATURGIE

# ANKÜNDIGUNG.

Es wird sich leicht erraten lassen, daß die neue Verwaltung des hiesigen Theaters die Veranlassung des gegenwärtigen Blattes ist. Der Endzweck desselben soll den guten Absichten entsprechen, welche man den Männern, die sich dieser Verwaltung unterziehen wollen, nicht anders als beimessen kann. Sie haben sich selbst hinlänglich darüber erklärt, und ihre Äußerungen sind, sowohl hier, als auswärts, von dem feinern Teile des Publikums mit dem Beifalle aufgenommen worden, den jede freiwillige Beförderung des allgemeinen Besten verdienet, und zu unsern Zeiten sich versprechen darf.

Freilich giebt es immer und überall Leute, die, weil sie sich selbst am besten kennen, bei jedem guten Unternehmen nichts als Nebenabsichten erblicken. Man könnte ihnen diese Beruhigung ihrer selbst gern gönnen; aber, wenn die vermeinten Nebenabsichten sie wider die Sache selbst aufbringen; wenn ihr hämischer Neid, um jene zu vereiteln, auch diese scheitern zu lassen, bemüht ist: so müssen sie wissen, daß sie die verachtungswürdigsten Glieder der menschlichen Gesellschaft sind.

Glücklich der Ort, wo diese Elenden den Ton nicht angeben; wo die größere Anzahl wohlgesinnter Bürger sie in den Schranken der Ehrerbietung hält, und nicht verstattet, daß das Bessere des Ganzen ein Raub ihrer Kabalen, und patriotische Absichten ein Vorwurf ihres spöttischen Aberwitzes werden!

So glücklich sei Hamburg in allem, woran seinem Wohlstande und seiner Freiheit gelegen: denn es verdienet, so glücklich zu sein!

Als Schlegel, zur Aufnahme des dänischen Theaters, – (ein deutscher Dichter des dänischen Theaters!) – Vorschläge tat,

von welchen es Deutschland noch lange zum Vorwurfe gereichen wird, daß ihm keine Gelegenheit gemacht worden, sie
zur Aufnahme des unsrigen zu tun: war dieses der erste und
vornehmste, »daß man den Schauspielern selbst die Sorge nicht
überlassen müsse, für ihren Verlust und Gewinst zu arbeiten.«
Die Principalschaft unter ihnen hat eine freie Kunst zu einem
Handwerke herabgesetzt, welches der Meister mehrenteils desto nachlässiger und eigennütziger treiben läßt, je gewissere
Kunden, je mehrere Abnehmer, ihm Notdurft oder Luxus versprechen.

Wenn hier also bis itzt auch weiter noch nichts geschehen
wäre, als daß eine Gesellschaft von Freunden der Bühne Hand
an das Werk gelegt, und nach einem gemeinnützigen Plane arbeiten zu lassen, sich verbunden hätte: so wäre dennoch, bloß
dadurch, schon viel gewonnen. Denn aus dieser ersten Verän-
derung können, auch bei einer nur mäßigen Begünstigung des
Publikums, leicht und geschwind alle andere Verbesserungen
erwachsen, deren unser Theater bedarf.

An Fleiß und Kosten wird sicherlich nichts gesparet werden:
ob es an Geschmack und Einsicht fehlen dürfte, muß die Zeit
lehren. Und hat es nicht das Publikum in seiner Gewalt, was es
hierin mangelhaft finden sollte, abstellen und verbessern zu lassen? Es komme nur, und sehe und höre, und prüfe und richte.
Seine Stimme soll nie geringschätzig verhöret, sein Urteil soll
nie ohne Unterwerfung vernommen werden!

Nur daß sich nicht jeder kleine Kritikaster für das Publikum
halte, und derjenige, dessen Erwartungen getäuscht werden,
auch ein wenig mit sich selbst zu Rate gehe, von welcher Art
seine Erwartungen gewesen. Nicht jeder Liebhaber ist Kenner; nicht jeder, der die Schönheiten Eines Stücks, das richti-
ge Spiel Eines Acteurs empfindet, kann darum auch den Wert
aller andern schätzen. Man hat keinen Geschmack, wenn man
nur einen einseitigen Geschmack hat; aber oft ist man desto

parteiischer. Der wahre Geschmack ist der allgemeine, der sich über Schönheiten von jeder Art verbreitet, aber von keiner mehr Vergnügen und Entzücken erwartet, als sie nach ihrer Art gewähren kann.

Der Stufen sind viel, die eine werdende Bühne bis zum Gipfel der Vollkommenheit zu durchsteigen hat; aber eine verderbte Bühne ist von dieser Höhe, natürlicher Weise, noch weiter entfernt: und ich fürchte sehr, daß die deutsche mehr dieses als jenes ist.

Alles kann folglich nicht auf einmal geschehen. Doch was man nicht wachsen sieht, findet man nach einiger Zeit gewachsen. Der Langsamste, der sein Ziel nur nicht aus den Augen verlieret, geht noch immer geschwinder, als der ohne Ziel herum irret.

Diese Dramaturgie soll ein kritisches Register von allen aufzuführenden Stücken halten, und jeden Schritt begleiten, den die Kunst, sowohl des Dichters, als des Schauspielers, hier tun wird. Die Wahl der Stücke ist keine Kleinigkeit: aber Wahl setzt Menge voraus; und wenn nicht immer Meisterstücke aufgeführt werden sollten, so sieht man wohl, woran die Schuld liegt. Indes ist es gut, wenn das Mittelmäßige für nichts mehr ausgegeben wird, als es ist; und der unbefriedigte Zuschauer wenigstens daran urteilen lernt. Einem Menschen von gesundem Verstande, wenn man ihm Geschmack beibringen will, braucht man es nur aus einander zu setzen, warum ihm etwas nicht gefallen hat. Gewiße mittelmäßige Stücke müssen auch schon darum beibehalten werden, weil sie gewisse vorzügliche Rollen haben, in welchen der oder jener Acteur seine ganze Stärke zeigen kann. So verwirft man nicht gleich eine musikalische Komposition, weil der Text dazu elend ist.

Die größte Feinheit eines dramatischen Richters zeiget sich darin, wenn er in jedem Falle des Vergnügens und Mißvergnügens, unfehlbar zu unterscheiden weiß, was und wie viel davon auf die Rechnung des Dichters, oder des Schauspielers, zu setzen sei. Den einen um etwas tadeln, was der andere versehen hat, heißt beide verderben. Jenem wird der Mut benommen, und dieser wird sicher gemacht.

Besonders darf es der Schauspieler verlangen, daß man hierin die größte Strenge und Unparteilichkeit beobachte. Die Rechtfertigung des Dichters kann jederzeit angetreten werden; sein Werk bleibt da, und kann uns immer wieder vor die Augen gelegt werden. Aber die Kunst des Schauspielers ist in ihren Werken transitorisch. Sein Gutes und Schlimmes rauschet gleich schnell vorbei; und nicht selten ist die heutige Laune des Zuschauers mehr Ursache, als er selbst, warum das eine oder das andere einen lebhaftern Eindruck auf jenen gemacht hat.

Eine schöne Figur, eine bezaubernde Miene, ein sprechendes Auge, ein reizender Tritt, ein lieblicher Ton, eine melodische Stimme: sind Dinge, die sich nicht wohl mit Worten ausdrücken lassen. Doch sind es auch weder die einzigen noch größten Vollkommenheiten des Schauspielers. Schätzbare Gaben der Natur, zu seinem Berufe sehr nötig, aber noch lange nicht seinen Beruf erfüllend! Er muß überall mit dem Dichter denken; er muß da, wo dem Dichter etwas Menschliches widerfahren ist, für ihn denken.

Man hat allen Grund, häufige Beispiele hiervon sich von unsern Schauspielern zu versprechen. – Doch ich will die Erwartung des Publikums nicht höher stimmen. Beide schaden sich selbst: der zu viel verspricht, und der zu viel erwartet.

Heute geschieht die Eröffnung der Bühne. Sie wird viel entscheiden; sie muß aber nicht alles entscheiden sollen. In den ersten Tagen werden sich die Urteile ziemlich durchkreuzen. Es würde Mühe kosten, ein ruhiges Gehör zu erlangen. – Das erste Blatt dieser Schrift soll daher nicht eher als mit den Anfange des künftigen Monats erscheinen.

*Hamburg, den 22 April, 1767.*

## ACHT UND VIERZIGSTES STÜCK.

*Den 13ten October, 1767.*

Es ist wahr, unsere Überraschung ist größer, wenn wir es nicht eher mit völliger Gewißheit erfahren, daß Aegisth Aegisth ist, als bis es Merope selbst erfährt. Aber das armselige Vergnügen einer Überraschung! Und was braucht der Dichter uns zu überraschen? Er überrasche seine Personen, so viel er will; wir werden unser Teil schon davon zu nehmen wissen, wenn wir, was sie ganz unvermutet treffen muß, auch noch so lange vorausgesehen haben. Ja, unser Anteil wird um so lebhafter und stärker sein, je länger und zuverlässiger wir es vorausgesehen haben.

Ich will, über diesen Punkt, den besten französischen Kunstrichter für mich sprechen lassen. »In den verwickelten Stükken«, sagt Diderot, »ist das Interesse mehr die Wirkung des Plans, als der Reden; in den einfachen Stücken hingegen ist es mehr die Wirkung der Reden, als des Plans. Allein worauf muß sich das Interesse beziehen? Auf die Personen? Oder auf die Zuschauer? Die Zuschauer sind nichts als Zeugen, von welchen man nichts weiß. Folglich sind es die Personen, die man vor Augen haben muß. Ohnstreitig! Diese lasse man den Knoten schürzen, ohne daß sie es wissen; für diese sei alles undurchdringlich; diese bringe man, ohne daß sie es merken, der Auflösung immer näher und näher. Sind diese nur in Bewegung, so werden wir Zuschauer den nemlichen Bewegungen schon auch nachgeben, sie schon auch empfinden müssen. – Weit gefehlt, daß ich mit den meisten, die von der dramatischen Dichtkunst geschrieben haben, glauben sollte, man müsse die Entwicklung vor dem Zuschauer verbergen. Ich dachte vielmehr, es sollte meine Kräfte nicht übersteigen, wenn ich mir ein Werk zu machen vorsetzte, wo die Entwicklung gleich in der ersten Scene verraten würde, und aus diesem Umstande selbst das allerstärkeste Interesse entspränge. Für den Zuschauer muß alles klar sein. Er ist der Vertraute einer jeden Person; er weiß alles was vorgeht, alles was vorgegangen ist; und es giebt hundert Augenblicke, wo man nichts bessers tun kann, als daß man ihm gerade voraussagt, was noch vorgehen soll. – O ihr Verfertiger allgemeiner Regeln, wie wenig versteht ihr die Kunst, und wie wenig besitzt ihr von dem Genie, das die Muster hervorgebracht hat, auf welche ihr sie bauet, und das sie übertreten kann, so oft es ihm beliebt! – Meine Gedanken mögen so paradox scheinen, als sie wollen: so viel weiß ich gewiß, daß für Eine Gelegenheit, wo es nützlich ist, dem Zuschauer einen wichtigen Vorfall so lange zu verhehlen, bis er sich eräugnet, es immer zehn und mehrere giebt, wo das Interesse gerade das Gegenteil erfodert. – Der Dichter bewerkstelliget durch sein Geheimnis eine kurze Überraschung; und in welche anhaltende Unruhe hätte er uns stürzen können, wenn er uns kein Geheimnis daraus gemacht hätte! – Wer in Einem Augenblicke getroffen und niedergeschlagen wird, den kann ich auch nur Einen Augenblick betauern. Aber wie steht es alsdenn mit mir, wenn ich den Schlag erwarte, wenn ich sehe, daß sich das Ungewitter über meinem oder eines andern Haupte zusammenziehet, und lange Zeit darüber verweilet? – Meinetwegen mögen die Personen alle einander nicht kennen; wenn sie nur der Zuschauer alle kennet. – Ja, ich wollte fast behaupten, daß der Stoff, bei welchem die Verschweigungen notwendig sind, ein undankbarer Stoff ist; daß der Plan, in welchem man seine Zuflucht zu ihnen nimmt, nicht so gut ist, als der, in welchem man sie hätte entübrigen können. Sie werden nie zu etwas Starkem Anlaß geben. Immer werden wir uns mit Vorbereitungen beschäftigen müssen, die entweder allzu dunkel oder allzu deutlich sind. Das ganze Gedicht wird ein Zusammenhang von kleinen Kunstgriffen werden, durch die man weiter nichts als eine kurze Überraschung hervorzubringen vermag. Ist hingegen alles, was die Personen angeht, bekannt: so sehe ich in dieser Voraussetzung die Quelle der allerheftigsten Bewegungen. – Warum haben gewisse Monologen eine so große Wirkung? Darum, weil sie mir die geheimen Anschläge einer Person vertrauen, und diese Vertraulichkeit mich den Augenblick mit Furcht oder Hoffnung erfüllet. – Wenn der Zustand der Personen unbekannt ist, so kann sich der Zuschauer für die Handlung nicht stärker interessieren, als die Personen. Das Interesse aber wird sich für den Zuschauer verdoppeln, wenn er Licht genug hat, und es fühlet, daß Handlung und Reden ganz anders sein würden, wenn sich die Personen kennten. Alsdenn nur werde ich es kaum erwarten können, was aus ihnen werden wird, wenn ich das, was sie wirklich sind, mit dem, was sie tun oder tun wollen, vergleichen kann.«

Dieses auf den Aegisth angewendet, ist es klar, für welchen von beiden Planen sich Diderot erklären würde: ob für den alten des Euripides, wo die Zuschauer gleich vom Anfange den Aegisth eben so gut kennen, als er sich selbst; oder für den neuern des Maffei, den Voltaire so blindlings angenommen, wo Aegisth sich und den Zuschauern ein Rätsel ist, und dadurch das ganze Stück »zu einem Zusammenhange von kleinen Kunstgriffen« macht, die weiter nichts als eine kurze Überraschung hervorbringen.

Diderot hat auch nicht ganz Unrecht, seine Gedanken über die Entbehrlichkeit und Geringfügigkeit aller ungewissen Erwartungen und plötzlichen Überraschungen, die sich auf den Zuschauer beziehen, für eben so neu als gegründet auszugeben. Sie sind neu, in Ansehung ihrer Abstraction, aber sehr alt in Ansehung der Muster, aus welchen sie abstrahieret worden. Sie sind neu, in Betrachtung, daß seine Vorgänger nur immer auf das Gegenteil gedrungen; aber unter diese Vorgänger gehört weder Aristoteles noch Horaz, welchen durchaus nichts

entfahren ist, was ihre Ausleger und Nachfolger in ihrer Prädilection für dieses Gegenteil hätte bestärken können, dessen
gute Wirkung sie weder den meisten noch den besten Stücken
der Alten abgesehen hatten.

Unter diesen war besonders Euripides seiner Sache gewiß,
daß er fast immer den Zuschauern das Ziel voraus zeigte, zu
welchem er sie führen wollte. Ja, ich wäre sehr geneigt, aus
diesem Gesichtspunkte die Verteidigung seiner Prologen zu
übernehmen, die den neuern Kriticis so sehr mißfallen. »Nicht
genug«, sagt Hedelin, »daß er meistenteils alles, was vor der
Handlung des Stücks vorhergegangen, durch eine von seinen
Hauptpersonen den Zuhörern geradezu erzehlen läßt, um ihnen auf diese Weise das Folgende verständlich zu machen: er
nimmt auch wohl öfters einen Gott dazu, von dem wir annen-
men müssen, daß er alles weiß, und durch den er nicht allein
was geschehen ist, sondern auch alles, was noch geschehen soll,
uns kund macht. Wir erfahren sonach gleich Anfangs die Entwicklung und die ganze Katastrophe, und sehen jeden Zufall
schon von weiten kommen. Dieses aber ist ein sehr merkli-
cher Fehler, welcher der Ungewißheit und Erwartung, die auf
dem Theater beständig herrschen sollen, gänzlich zuwider ist,
und alle Annehmlichkeiten des Stückes vernichtet, die fast einzig und allein auf der Neuheit und Überraschung beruhen.«
Nein: der tragischste von allen tragischen Dichtern dachte so
geringschätzig von seiner Kunst nicht; er wußte, daß sie einer
weit höhern Vollkommenheit fähig wäre, und daß die Ergetz-
ung einer kindischen Neugierde das geringste sei, worauf sie
Anspruch mache. Er ließ seine Zuhörer also, ohne Bedenken,
von der bevorstehenden Handlung eben so viel wissen, als nur
immer ein Gott davon wissen konnte; und versprach sich die
Rührung, die er hervorbringen wollte, nicht sowohl von dem,
was geschehen sollte, als von der Art, wie es geschehen sollte.
Folglich müßte den Kunstrichtern hier eigentlich weiter nichts

anstößig sein, als nur dieses, daß er uns die nötige Kenntnis des Vergangnen und des Zukünftigen nicht durch einen feinern Kunstgriff beizubringen gesucht; daß er ein höheres Wesen, welches wohl noch dazu an der Handlung keinen Anteil nimmt, dazu gebrauchet; und daß er dieses höhere Wesen sich geradezu an die Zuschauer wenden lassen, wodurch die dramatische Gattung mit der erzehlenden vermischt werde. Wenn sie aber ihren Tadel sodann bloß hierauf einschränkten, was wäre denn ihr Tadel? Ist uns das Nützliche und Notwendige niemals willkommen, als wenn es uns verstohlner Weise zugeschanzt wird? Giebt es nicht Dinge, besonders in der Zukunft, die durchaus niemand anders als ein Gott wissen kann? Und wenn das Interesse auf solchen Dingen beruht, ist es nicht besser, daß wir sie durch die Darzwischenkunft eines Gottes vorher erfahren, als gar nicht? Was will man endlich mit der Vermischung der Gattungen überhaupt? In den Lehrbüchern sondre man sie so genau von einander ab, als möglich: aber wenn ein Genie, höherer Absichten wegen, mehrere derselben in einem und eben demselben Werke zusammenfließen läßt, so vergesse man das Lehrbuch, und untersuche bloß, ob es diese höhere Absichten erreicht hat. Was geht mich es an, ob so ein Stück des Euripides weder ganz Erzehlung, noch ganz Drama ist? Nennt es immerhin einen Zwitter; genug, daß mich dieser Zwitter mehr vergnügt, mehr erbauet, als die gesetzmäßigsten Geburten eurer correcten Racinen, oder wie sie sonst heißen. Weil der Maulesel weder Pferd noch Esel ist, ist er darum weniger eines von den nutzbarsten lasttragenden Tieren? –

# SECHS UND NEUNZIGSTES STÜCK.

*Den 1sten April, 1768.*

Den zwei und funfzigsten Abend (Dienstags, den 28sten Julius,) wurden des Herrn Romanus Brüder wiederholt.

Oder sollte ich nicht vielmehr sagen: die Brüder des Herrn Romanus? Nach einer Anmerkung nemlich, welche Donatus bei Gelegenheit der Brüder des Terenz macht: »Hanc dicunt fabulam secundo loco actam, eriam tum rudi nomine poetae; itaque sic pronunciatam, Adelphoi Terenti, non Terenti Adelphoi, quod adhuc magis de fabulae nomine poetae, quam de poetae nomine fabula commendabatur.« Herr Romanus hat seine Komödien zwar ohne seinen Namen herausgeben: aber doch ist sein Name durch sie bekannt geworden. Noch itzt sind diejenigen Stücke, die sich auf unserer Bühne von ihm erhalten haben, eine Empfehlung seines Namens, der in Provinzen Deutschlandes genannt wird, wo er ohne sie wohl nie wäre gehöret worden. Aber welches widrige Schicksal hat auch diesen Mann abgehalten, mit seinen Arbeiten für das Theater so lange fortzufahren, bis die Stücke aufgehört hätten, seinen Namen zu empfehlen, und sein Name dafür die Stücke empfohlen hätte?

Das meiste, was wir Deutsche noch in der schönen Literatur haben, sind Versuche junger Leute. Ja das Vorurteil ist bei uns fast allgemein, daß es nur jungen Leuten zukomme, in diesem Felde zu arbeiten. Männer, sagt man, haben ernsthaftere Studia, oder wichtigere Geschäfte, zu welchen sie die Kirche oder der Staat auffordert. Verse und Komödien heißen Spielwerke; allenfalls nicht unnützliche Vorübungen, mit welchen man sich höchstens bis in sein fünf und zwanzigstes Jahr beschäftigen darf. Sobald wir uns dem männlichen Alter nähern, sollen wir fein alle unsere Kräfte einem nützlichen Amte widmen; und läßt uns dieses Amt einige Zeit, etwas zu schreiben, so soll man ja nichts anders schreiben, als was mit der Gravität und dem bürgerlichen Range desselben bestehen kann; ein hübsches Compendium aus den höhern Facultäten, eine gute Chronike von der lieben Vaterstadt, eine erbauliche Predigt und dergleichen.

Daher kömmt es denn auch, daß unsere schöne Literatur, ich will nicht bloß sagen gegen die schöne Literatur der Alten, sondern sogar fast gegen aller neuern polierten Völker ihre, ein so jugendliches, ja kindliches Ansehen hat, und noch lange, lange haben wird. An Blut und Leben, an Farbe und Feuer fehlet es ihr endlich nicht: aber Kräfte und Nerven, Mark und Knochen mangeln ihr noch sehr. Sie hat noch so wenig Werke, die ein Mann, der im Denken geübt ist, gern zur Hand nimmt, wenn er, zu seiner Erholung und Stärkung, einmal außer dem einförmigen ekeln Zirkel seiner alltäglichen Beschäftigungen denken will! Welche Nahrung kann so ein Mann wohl, z. E. in unsern höchst trivialen Komödien finden? Wortspiele, Sprichwörter, Späßchen, wie man sie alle Tage auf den Gassen hört: solches Zeug macht zwar das Parterr zu lachen, das sich vergnügt so gut es kann; wer aber von ihm mehr als den Bauch erschüttern will, wer zugleich mit seinem Verstande lachen will, der ist einmal da gewesen und kömmt nicht wieder.

Wer nichts hat, der kann nichts geben. Ein junger Mensch, der erst selbst in die Welt tritt, kann unmöglich die Welt kennen und sie schildern. Das größte komische Genie zeigt sich in seinen jugendlichen Werken hohl und leer; selbst von den ersten Stücken des Menanders sagt Plutarch, daß sie mit seinen spätern und letztern Stücken gar nicht zu vergleichen gewesen. Aus diesen aber, setzt er hinzu, könne man schließen, was er noch würde geleistet haben, wenn er länger gelebt hätte. Und wie jung meint man wohl, daß Menander starb? Wie viel Komödien meint man wohl, daß er erst geschrieben hatte? Nicht weniger als hundert und fünfe; und nicht jünger als zwei und fünfzig.

Keiner von allen unsern verstorbenen komischen Dichtern, von denen es sich noch der Mühe verlohnte zu reden, ist so alt geworden; keiner von den itztlebenden ist es noch zur Zeit; keiner von beiden hat das vierte Teil so viel Stücke gemacht. Und die Critik sollte von ihnen nicht eben das zu sagen haben, was sie von dem Menander zu sagen fand? – Sie wage es aber nur, und spreche!

Und nicht die Verfasser allein sind es, die sie mit Unwillen hören. Wir haben, dem Himmel sei Dank, itzt ein Geschlecht selbst von Critikern, deren beste Critik darin besteht, – alle Critik verdächtig zu machen. »Genie! Genie!« schreien sie. »Das Genie setzt sich über alle Regeln hinweg! Was das Genie macht, ist Regel!« So schmeicheln sie dem Genie: ich glaube, damit wir sie auch für Genies halten sollen. Doch sie verraten zu sehr, daß sie nicht einen Funken davon in sich spüren, wenn sie in einem und eben demselben Atem hinzusetzen: »die Regeln unterdrücken das Genie!« – Als ob sich Genie durch etwas in der Welt unterdrücken ließe! Und noch dazu durch etwas, das, wie sie selbst gestehen, aus ihm hergeleitet ist. Nicht jeder Kunstrichter ist Genie: aber jedes Genie ist ein geborner Kunstrichter. Es hat die Probe aller Regeln in sich. Es begreift und behält und befolgt nur die, die ihm seine Empfindung in Worten ausdrücken. Und diese seine in Worten ausgedrückte Empfindung sollte seine Tätigkeit verringern können? Vernünftelt darüber mit ihm, so viel ihr wollt; es versteht euch nur, in so fern es eure allgemeinen Sätze den Augenblick in einem einzeln Falle anschauend erkennet; und nur von diesem einzeln Falle bleibt Erinnerung in ihm zurück, die während der Arbeit auf seine Kräfte nicht mehr und nicht weniger wirken kann, als die Erinnerung eines glücklichen Beispiels, die Erinnerung einer eignen glücklichen Erfahrung auf sie zu wirken im Stande ist. Behaupten also, daß Regeln und Critik das Genie unterdrücken können: heißt mit andern Worten behaupten, daß Beispiele und Übung eben dieses vermögen; heißt, das Genie nicht allein auf sich selbst, heißt es sogar, lediglich auf seinen ersten Versuch einschränken.

Eben so wenig wissen diese weise Herren, was sie wollen, wenn sie über die nachteiligen Eindrücke, welche die Critik auf das genießende Publikum mache, so lustig wimmern! Sie möchten uns lieber bereden, daß kein Mensch einen Schmetterling mehr bunt und schön findet, seitdem das böse Vergrößerungsglas erkennen lassen, daß die Farben desselben nur Staub sind.

»Unser Theater«, sagen sie, »ist noch in einem viel zu zarten Alter, als daß es den monarchischen Scepter der Critik ertragen könne. – Es ist fast nötiger die Mittel zu zeigen, wie das Ideal erreicht werden kann, als darzutun, wie weit wir noch von diesem Ideale entfernt sind. – Die Bühne muß durch Beispiele, nicht durch Regeln reformieret werden. Resonieren ist leichter, als selbst erfinden.«

Heißt das, Gedanken in Worte kleiden: oder heißt es nicht vielmehr, Gedanken zu Worten suchen, und keine erhaschen? – Und wer sind sie denn, die so viel von Beispielen, und vom selbst Erfinden reden? Was für Beispiele haben sie denn gegeben? Was haben sie denn selbst erfunden? – Schlaue Köpfe! Wenn ihnen Beispiele zu beurteilen vorkommen, so wünschen sie lieber Regeln; und wenn sie Regeln beurteilen sollen, so möchten sie lieber Beispiele haben. Anstatt von einer Critik zu beweisen, daß sie falsch ist, beweisen sie, daß sie zu strenge ist; und glauben vertan zu haben! Anstatt ein Raisonnement zu widerlegen, merken sie an, daß Erfinden schwerer ist, als Raisonnieren; und glauben widerlegt zu haben!

Wer richtig raisonniert, erfindet auch: und wer erfinden will, muß raisonnieren können. Nur die glauben, daß sich das eine von dem andern trennen lasse, die zu keinem von beiden aufgelegt sind.

Doch was halte ich mich mit diesen Schwätzern auf? Ich will meinen Gang gehen, und mich unbekümmert lassen, was die Grillen am Wege schwirren. Auch ein Schritt aus dem Wege, um sie zu zertreten, ist schon zu viel. Ihr Sommer ist so leicht abgewartet!

Also, ohne weitere Einleitung, zu den Anmerkungen, die ich bei Gelegenheit der ersten Vorstellung der Brüder des Hrn. Romanus, annoch über dieses Stück versprach! – Die vornehmsten derselben werden die Veränderungen betreffen, die er in der Fabel des Terenz machen zu müssen geglaubet, um sie unsern Sitten näher zu bringen.

Was soll man überhaupt von der Notwendigkeit dieser Veränderungen sagen? Wenn wir so wenig Anstoß finden, römische oder griechische Sitten in der Tragödie geschildert zu sehen: warum nicht auch in der Komödie? Woher die Regel, wenn es anders eine Regel ist, die Scene der erstern in ein entferntes Land, unter ein fremdes Volk; die Scene der andern aber, in unsere Heimat zu legen? Woher die Verbindlichkeit, die wir dem Dichter aufbürden, in jener die Sitten desjenigen Volkes, unter dem er seine Handlung vorgehen läßt, so genau als möglich zu schildern; da wir in dieser nur unsere eigene Sitten von ihm geschildert zu sehen verlangen? »Dieses«, sagt Pope an einem Orte, »scheinet dem ersten Ansehen nach bloßer Eigensinn, bloße Grille zu sein: es hat aber doch seinen guten Grund in der Natur. Das Hauptsächlichste, was wir in der Komödie suchen, ist ein getreues Bild des gemeinen Lebens, von dessen Treue wir aber nicht so leicht versichert sein können, wenn wir es in fremde Moden und Gebräuche verkleidet finden. In der Tragödie hingegen ist es die Handlung, was unsere Aufmerksamkeit am meisten an sich ziehet. Einen einheimischen Vorfall aber für die Bühne bequem zu machen, dazu muß man sich mit der Handlung größere Freiheiten nehmen, als eine zu bekannte Geschichte verstattet.«

# HUNDERT UND ERSTES, ZWEITES, DRITTES UND VIERTES STÜCK.

*Den 19ten April, 1768.*

Hundert und erstes bis viertes? – Ich hatte mir vorgenommen, den Jahrgang dieser Blätter nur aus hundert Stücken bestehen zu lassen. Zwei und funfzig Wochen, und die Woche zwei Stück, geben zwar allerdings hundert und viere. Aber warum sollte, unter allen Tagewerkern, dem einzigen wöchentlichen Schriftsteller kein Feiertag zu Statten kommen? Und in dem ganzen Jahre nur viere: ist ja so wenig!

Doch Dodsley und Compagnie haben dem Publico, in meinem Namen, ausdrücklich hundert und vier Stücke versprochen. Ich werde die guten Leute schon nicht zu Lügnern machen müssen.

Die Frage ist nur: wie fange ich es am besten an? – Der Zeug ist schon verschnitten: ich werde einflicken oder recken müssen. – Aber das klingt so stümpermäßig. Mir fällt ein, – was mir gleich hätte einfallen sollen: die Gewohnheit der Schauspieler, auf ihre Hauptvorstellung ein kleines Nachspiel folgen zu lassen. Das Nachspiel kann handeln, wovon es will, und braucht mit dem Vorhergehenden nicht in der geringsten Verbindung zu stehen. – So ein Nachspiel dann, mag die Blätter nun füllen, die ich mir ganz ersparen wollte.

Erst ein Wort von mir selbst! Denn warum sollte nicht auch ein Nachspiel einen Prolog haben dürfen, der sich mit einem »Poeta, cum primum animum ad scribendum appulit«, anfinge?

Als, vor Jahr und Tag, einige gute Leute hier den Einfall bekamen, einen Versuch zu machen, ob nicht für das deutsehe Theater sich etwas mehr tun lasse, als unter der Verwaltung eines sogenannten Principals geschehen könne: so weiß ich nicht, wie man auf mich dabei fiel, und sich träumen ließ, daß ich bei diesem Unternehmen wohl nützlich sein könnte? – Ich stand eben am Markte und war müßig; niemand wollte mich dingen: ohne Zweifel, weil mich niemand zu brauchen wußte; bis gerade auf diese Freunde! – Noch sind mir in meinem Leben alle Beschäftigungen sehr gleichgültig gewesen: ich habe mich nie zu einer gedrungen, oder nur erboten; aber auch die geringfügigste nicht von der Hand gewiesen, zu der ich mich aus einer Art von Prädilection erlesen zu sein, glauben konnte.

Ob ich zur Aufnahme des hiesigen Theaters concurrieren wolle? darauf war also leicht geantwortet. Alle Bedenklichkeiten waren nur die: ob ich es könne? und wie ich es am besten könne?

Ich bin weder Schauspieler, noch Dichter.

Man erweiset mir zwar manchmal die Ehre, mich für den letztern zu erkennen. Aber nur, weil man mich verkennt. Aus einigen dramatischen Versuchen, die ich gewagt habe, sollte man nicht so freigebig folgern. Nicht jeder, der den Pinsel in die Hand nimmt, und Farben verquistet, ist ein Maler. Die ältesten von jenen Versuchen sind in den Jahren hingeschrieben, in welchen man Lust und Leichtigkeit so gern für ein Genie hält. Was in den neuerern erträgliches ist, davon bin ich mir sehr bewußt, daß ich es einzig und allein der Critik zu verdanken habe. Ich fühle die lebendige Quelle nicht in mir, die durch eigene Kraft sich empor arbeitet, durch eigene Kraft in so reichen, so frischen, so reinen Strahlen aufschießt: ich muß alles durch Druckwerk und Röhren aus mir herauf pressen. Ich würde so arm, so kalt, so kurzsichtig sein, wenn ich nicht einigermaßen gelernt hätte, fremde Schätze bescheiden zu borgen, an fremdem Feuer mich zu wärmen, und durch die Gläser der Kunst mein Auge zu stärken. Ich bin daher immer beschämt oder verdrüßlich geworden, wenn ich zum Nachteil der Critik etwas las oder hörte. Sie soll das Genie ersticken: und ich schmeichelte mir, etwas von ihr zu erhalten, was dem Genie sehr nahe kömmt. Ich bin ein Lahmer, den eine Schmähschrift auf die Krücke unmöglich erbauen kann.

Doch freilich; wie die Krücke den Lahmen wohl hilft, sich von einem Orte zum andern zu bewegen, aber ihn nicht zum Läufer machen kann: so auch die Critik. Wenn ich mit ihrer Hülfe etwas zu Stande bringe, welches besser ist, als es einer von meinen Talenten ohne Critik machen würde: so kostet es mich so viel Zeit, ich muß von andern Geschäften so frei, von unwillkürlichen Zerstreuungen so ununterbrochen sein, ich muß meine ganze Belesenheit so gegenwärtig haben, ich muß bei jedem Schritte alle Bemerkungen, die ich jemals über Sitten und Leidenschaften gemacht, so ruhig durchlaufen können; daß zu einem Arbeiter, der ein Theater mit Neuigkeiten unterhalten soll, niemand in der Welt ungeschickter sein kann, als ich.

Was Goldoni für das italienische Theater tat, der es in einem Jahre mit dreizehn neuen Stücken bereicherte, das muß ich für das deutsche zu tun, folglich bleiben lassen. Ja, das würde ich bleiben lassen, wenn ich es auch könnte. Ich bin mißtrauischer gegen alle erste Gedanken, als De la Casa und der alte Shandy nur immer gewesen sind. Denn wenn ich sie auch schon nicht für Eingebungen des bösen Feindes, weder des eigentlichen noch des allegorischen, halte: so denke ich doch immer, daß die ersten Gedanken die ersten sind, und daß das Beste auch nicht einmal in allen Suppen obenauf zu schwimmen pflegt. Meine erste Gedanken sind gewiß kein Haar besser, als Jedermanns erste Gedanken: und mit Jedermanns Gedanken bleibt man am klügsten zu Hause.

– Endlich fiel man darauf, selbst das, was mich zu einem so langsamen, oder, wie es meinen rüstigern Freunden scheinet, so faulen Arbeiter macht, selbst das, an mir nutzen zu wollen: die Critik. Und so entsprang die Idee zu diesem Blatte.

Sie gefiel mir, diese Idee. Sie erinnerte mich an die Didaskalien der Griechen, d. i. an die kurzen Nachrichten, dergleichen selbst Aristoteles von den Stücken der griechischen Bühne zu schreiben der Mühe wert gehalten. Sie erinnerte mich, vor langer Zeit einmal über den grundgelehrten Casaubonus bei mir gelacht zu haben, der sich, aus wahrer Hochachtung für das Solide in den Wissenschaften, einbildete, daß es dem Aristoteles vornehmlich um die Berichtigung der Chronologie bei seinen Didaskalien zu tun gewesen. – Wahrhaftig, es wäre auch eine ewige Schande für den Aristoteles, wenn er sich mehr um den poetischen Wert der Stücke, mehr um ihren Einfluß auf die Sitten, mehr um die Bildung des Geschmacks, darin bekümmert hätte, als um die Olympiade, als um das Jahr der Olympiade, als um die Namen der Archonten, unter welchen sie zuerst aufgeführet worden!

Ich war schon Willens, das Blatt selbst Hamburgische Didaskalien zu nennen. Aber der Titel klang mir allzufremd, und nun ist es mir sehr lieb, daß ich ihm diesen vorgezogen habe. Was ich in eine Dramaturgie bringen oder nicht bringen wollte, das stand bei mir: wenigstens hatte mir Lione Allacci desfalls nichts vorzuschreiben. Aber wie eine Didaskalie aussehen müsse, glauben die Gelehrten zu wissen, wenn es auch nur aus den noch vorhandenen Didaskalien des Terenz wäre, die eben dieser Casaubonus »breviter & eleganter scriptas« nennt. Ich hatte weder Lust, meine Didaskalien so kurz, noch so elegant zu schreiben: und unsere itztlebende Casauboni würden die Köpfe trefflich geschüttelt haben, wenn sie gefunden hätten, wie selten ich irgend eines chronologischen Umstandes gedenke, der künftig einmal, wenn Millionen anderer Bücher verloren gegangen wären, auf irgend ein historisches Factum einiges Licht werfen könnte. In welchem Jahre Ludewigs des Vierzehnten, oder Ludewigs des Funfzehnten, ob zu Paris, oder zu Versailles, ob in Gegenwart der Prinzen vom Geblüte, oder nicht der Prinzen vom Geblüte, dieses oder jenes französische Meisterstück zuerst aufgeführet worden: das würden sie bei mir gesucht, und zu ihrem großen Erstaunen nicht gefunden haben.

Was sonst diese Blätter werden sollten, darüber habe ich mich in der Ankündigung erkläret: was sie wirklich geworden, das werden meine Leser wissen. Nicht völlig das, wozu ich sie zu machen versprach: etwas anderes; aber doch, denk ich, nichts schlechteres.

»Sie sollten jeden Schritt begleiten, den die Kunst, sowohl des Dichters, als des Schauspielers hier tun würde.«

Die letztere Hälfte bin ich sehr bald überdrüssig geworden. Wir haben Schauspieler, aber keine Schauspielkunst. Wenn es vor Alters eine solche Kunst gegeben hat: so haben wir sie nicht mehr; sie ist verloren; sie muß ganz von neuem wieder erfunden werden. Allgemeines Geschwätze darüber, hat man in verschiedenen Sprachen genug: aber specielle, von jedermann erkannte, mit Deutlichkeit und Präcision abgefaßte Regeln, nach welchen der Tadel oder das Lob des Akteurs in einem besondern Falle zu bestimmen sei, deren wüßte ich kaum zwei oder drei. Daher kömmt es, daß alles Raisonnement über diese Materie immer so schwankend und vieldeutig scheinet, daß es eben kein Wunder ist, wenn der Schauspieler, der nichts als eine glückliche Routine hat, sich auf alle Weise dadurch beleidiget findet. Gelobt wird er sich nie genug, getadelt aber allezeit viel zu viel glauben: ja öfters wird er gar nicht einmal wissen, ob man ihn tadeln oder loben wollen. Überhaupt hat man die Anmerkung schon längst gemacht, daß die Empfindlichkeit der Künstler, in Ansehung der Critik, in eben dem Verhältnisse steigt, in welchem die Gewißheit und Deutlichkeit und Menge der Grundsätze ihrer Künste abnimmt. – So viel zu meiner, und selbst zu deren Entschuldigung, ohne die ich mich nicht zu entschuldigen hätte.

Aber die erstere Hälfte meines Versprechens? Bei dieser ist freilich das Hier zur Zeit noch nicht sehr in Betrachtung gekommen, – und wie hätte es auch können? Die Schranken sind noch kaum geöffnet, und man wollte die Wettläufer lieber schon bei dem Ziele sehen; bei einem Ziele, das ihnen alle Augenblicke immer weiter und weiter hinausgesteckt wird? Wenn das Publikum fragt; was ist denn nun geschehen? und mit einem höhnischen Nichts sich selbst antwortet: so frage ich wiederum; und was hat denn das Publikum getan, damit etwas geschehen könnte? Auch nichts; ja noch etwas schlimmers, als nichts. Nicht genug, daß es das Werk nicht allein nicht befördert: es hat ihm nicht einmal seinen natürlichen Lauf gelassen. – Über den gutherzigen Einfall, den Deutschen ein Nationaltheater zu verschaffen, da wir Deutsche noch keine Nation sind! Ich rede nicht von der politischen Verfassung, sondern bloß von dem sittlichen Charakter. Fast sollte man sagen, dieser sei: keinen eigenen haben zu wollen. Wir sind noch immer die geschwornen Nachahmer alles Ausländischen, besonders noch immer die untertänigen Bewunderer der nie genug bewunderten Franzosen; alles was uns von jenseit dem Rheine kömmt, ist schön, reizend, allerliebst, göttlich; lieber verleugnen wir Gesicht und Gehör, als daß wir es anders finden sollten; lieber wollen wir Plumpheit für Ungezwungenheit, Frechheit für Grazie, Grimasse für Ausdruck, ein Geklingle von Reimen für Poesie, Geheule für Musik, uns einreden lassen, als im geringsten an der Superiorität zweifeln, welche dieses liebenswürdige Volk, dieses erste Volk in der Welt, wie es sich selbst sehr bescheiden zu nennen pflegt, in allem, was gut und schön und erhaben und anständig ist, von dem gerechten Schicksale zu seinem Anteile erhalten hat. –

Doch dieser Locus communis ist so abgedroschen, und die nähere Anwendung desselben könnte leicht so bitter werden, daß ich lieber davon abbreche.

Ich war also genötiget, anstatt der Schritte, welche die Kunst des dramatischen Dichters hier wirklich könnte getan haben, mich bei denen zu verweilen, die sie vorläufig tun müßte, um sodann mit eins ihre Bahn mit desto schnellern und größern zu durchlaufen. Es waren die Schritte, welche ein Irrender zurückgehen muß, um wieder auf den rechten Weg zu gelangen, und sein Ziel gerade in das Auge zu bekommen.

Seines Fleißes darf sich jedermann rühmen: ich glaube, die dramatische Dichtkunst studiert zu haben; sie mehr studiert zu haben, als zwanzig, die sie ausüben. Auch habe ich sie so weit ausgeübet, als es nötig ist, um mitsprechen zu dürfen: denn ich weiß wohl, so wie der Maler sich von niemanden gern tadeln läßt, der den Pinsel ganz und gar nicht zu führen weiß, so auch der Dichter. Ich habe es wenigstens versucht, was er bewerkstelligen muß, und kann von dem, was ich selbst nicht zu machen vermag, doch urteilen, ob es sich machen läßt. Ich verlange auch nur eine Stimme unter uns, wo so mancher sich eine anmaßt, der, wenn er nicht dem oder jenem Ausländer nachplaudern gelernt hätte, stummer sein würde, als ein Fisch.

Aber man kann studieren, und sich tief in den Irrtum hinein studieren. Was mich also versichert, daß mir dergleichen nicht begegnet sei, daß ich das Wesen der dramatischen Dichtkunst nicht verkenne, ist dieses, daß ich es vollkommen so erkenne, wie es Aristoteles aus den unzähligen Meisterstücken der griechischen Bühne abstrahieret hat. Ich habe von dem Entstehen, von der Grundlage der Dichtkunst dieses Philosophen, meine eigene Gedanken, die ich hier ohne Weitläuftigkeit nicht äußern könnte. Indes steh ich nicht an, zu bekennen, (und sollte ich in diesen erleuchteten Zeiten auch darüber ausgelacht werden!) daß ich sie für ein eben so unfehlbares Werk halte, als die Elemente des Euklides nur immer sind. Ihre Grundsätze sind eben so wahr und gewiß, nur freilich nicht so faßlich, und daher mehr der Chicane ausgesetzt, als alles, was diese enthalten. Besonders getraue ich mir von der Tragödie, als über die uns die Zeit so ziemlich alles daraus gönnen wollen, unwidersprechlich zu beweisen, daß sie sich von der Richtschnur des Aristoteles keinen Schritt entfernen kann, ohne sich eben so weit von ihrer Vollkommenheit zu entfernen.

Nach dieser Überzeugung nahm ich mir vor, einige der berühmtesten Muster der französischen Bühne ausführlich zu beurteilen. Denn diese Bühne soll ganz nach den Regeln des Aristoteles gebildet sein; und besonders hat man uns Deutsche bereden wollen, daß sie nur durch diese Regeln die Stufe der Vollkommenheit erreicht habe, auf welcher sie die Bühnen aller neuern Völker so weit unter sich erblicke. Wir haben das auch lange so fest geglaubt, daß bei unsern Dichtern, den Franzosen nachahmen, eben so viel gewesen ist, als nach den Regeln der Alten arbeiten.

Indes konnte das Vorurteil nicht ewig gegen unser Gefühl bestehen. Dieses ward, glücklicher Weise, durch einige Englische Stücke aus seinem Schlummer erwecket, und wir machten endlich die Erfahrung, daß die Tragödie noch einer ganz andern Wirkung fähig sei, als ihr Corneille und Racine zu erteilen vermocht. Aber geblendet von diesem plötzlichen Strahle der Wahrheit, prallten wir gegen den Rand eines andern Abgrundes zurück. Den englischen Stücken fehlten zu augenscheinlich gewisse Regeln, mit welchen uns die Französischen so bekannt gemacht hatten. Was schloß man daraus? Dieses: daß sich auch ohne diese Regeln der Zweck der Tragödie erreichen lasse; ja daß diese Regeln wohl gar Schuld sein könnten, wenn man ihn weniger erreiche.

Und das hätte noch hingehen mögen! – Aber mit *diesen* Regeln fing man an, *alle* Regeln zu vermengen, und es überhaupt für Pedanterei zu erklären, dem Genie vorzuschreiben, was es tun, und was es nicht tun müsse. Kurz, wir waren auf dem Punkte, uns alle Erfahrungen der vergangnen Zeit mutwillig zu verscherzen; und von den Dichtern lieber zu verlangen, daß jeder die Kunst aufs neue für sich erfinden solle.

Ich wäre eitel genug, mir einiges Verdienst um unser Theater beizumessen, wenn ich glauben dürfte, das einzige Mittel getroffen zu haben, diese Gärung des Geschmacks zu hemmen. Darauf los gearbeitet zu haben, darf ich mir wenigstens schmeicheln, indem ich mir nichts angelegner sein lassen, als den Wahn von der Regelmäßigkeit der französischen Bühne zu bestreiten. Gerade keine Nation hat die Regeln des alten Drama mehr verkannt, als die Franzosen. Einige beiläufige Bemerkungen, die sie über die schicklichste äußere Einrichtung des Drama bei dem Aristoteles fanden, haben sie für das Wesentliche angenommen, und das Wesentliche, durch allerlei Einschränkungen und Deutungen, dafür so entkräftet, daß notwendig nichts anders als Werke daraus entstehen konnten, die weit unter der höchsten Wirkung blieben, auf welche der Philosoph seine Regeln calculiert hatte.

Ich wage es, hier eine Äußerung zu tun, mag man sie doch nehmen, wofür man will! – Man nenne mir das Stück des großen Corneille, welches ich nicht besser machen wollte. Was gilt die Wette? –

Doch nein; ich wollte nicht gern, daß man diese Äußerung für Prahlerei nehmen könne. Man merke also wohl, was ich hinzu setze: Ich werde es zuverlässig besser machen, – und doch lange kein Corneille sein, – und doch lange noch kein Meisterstück gemacht haben. Ich werde es zuverlässig besser machen; – und mir doch wenig darauf einbilden dürfen. Ich werde nichts getan haben, als was jeder tun kann, – der so fest an den Aristoteles glaubet, wie ich.

Eine Tonne, für unsere kritische Wallfische! Ich freue mich im voraus, wie trefflich sie damit spielen werden. Sie ist einzig und allein für sie ausgeworfen; besonders für den kleinen Wallfisch in dem Salzwasser zu Halle! –

Und mit diesem Übergange, – sinnreicher muß er nicht sein, – mag denn der Ton des ernsthaftern Prologs in den Ton des Nachspiels verschmelzen, wozu ich diese letztern Blätter bestimmte. Wer hätte mich auch sonst erinnern können, daß es Zeit sei, dieses Nachspiel anfangen zu lassen, als eben der Hr. *Stl.*, welcher in der deutschen Bibliothek des Hrn. Geheimerat *Klotz*, den Inhalt desselben bereits angekündiget hat? –

Aber was bekömmt denn der schnackische Mann in dem bunten Jäckchen, daß er so dienstfertig mit seiner Trommel ist? Ich erinnere mich nicht, daß ich ihm etwas dafür versprochen hätte. Er mag wohl bloß zu seinem Vergnügen trommeln; und der Himmel weiß, wo er alles her hat, was die liebe Jugend auf den Gassen, die ihn mit einem bewundernden Ah! nachfolgt, aus der ersten Hand von ihm zu erfahren bekömmt. Er muß einen Wahrsagergeist haben, Trotz der Magd in der Apostelgeschichte. Denn wer hätte es ihm sonst sagen können, daß der Verfasser der Dramaturgie auch mit der Verleger derselben ist? Wer hätte ihm sonst die geheimen Ursachen entdecken können, warum ich der einen Schauspielerin eine *sonore* Stimme beigelegt, und das Probestück einer andern so erhoben habe? Ich war freilich damals in beide verliebt: aber ich hätte doch nimmermehr geglaubt, daß es eine lebendige Seele erraten sollte. Die Damen können es ihm auch unmöglich selbst gesagt haben: folglich hat es mit dem Wahrsagergeiste seine Richtigkeit. Ja, weh uns armen Schriftstellern, wenn unsere hochgebietende Herren, die Jurnalisten und Zeitungsschreiber, mit solchen Kälbern pflügen wollen! Wenn sie zu ihren Beurteilungen, außer ihrer gewöhnlichen Gelehrsamkeit und Scharfsinnigkeit, sich auch noch solcher Stückchen aus der geheimsten Magie bedienen wollen: wer kann wider sie bestehen?

»Ich würde«, schreibt dieser Hr. *Stl.* aus Eingebung seines Kobolts, »auch den zweiten Band der Dramaturgie anzeigen können, wenn nicht die Abhandlung wider die Buchhändler dem Verfasser zu viel Arbeit machte, als daß er das Werk bald beschließen könnte.«

Man muß auch einen Kobolt nicht zum Lügner machen wollen, wenn er es gerade einmal nicht ist. Es ist nicht ganz ohne, was das böse Ding dem guten *Stl.* hier eingeblasen. Ich hatte allerdings so etwas vor. Ich wollte meinen Lesern erzählen, warum dieses Werk so oft unterbrochen worden; warum in zwei Jahren erst, und noch mit Mühe, so viel davon fertig geworden, als auf ein Jahr versprochen war. Ich wollte mich über den Nachdruck beschweren, durch den man den geradesten Weg eingeschlagen, es in seiner Geburt zu ersticken. Ich wollte über die nachteiligen Folgen des Nachdrucks überhaupt, einige Betrachtungen anstellen. Ich wollte das einzige Mittel vorschlagen, ihm zu steuern. – Aber, das wäre ja sonach keine Abhandlung wider die Buchhändler geworden? Sondern vielmehr, für sie: wenigstens, der rechtschaffenen Männer unter ihnen; und es giebt deren. Trauen Sie, mein Herr *Stl.*, ihrem Kobolte also nicht immer so ganz! Sie sehen es: was solch Geschmeiß des bösen Feindes von der Zukunft noch etwa weiß, das weiß es nur halb. –

Doch nun genug dem Narren nach seiner Narrheit geantwortet, damit er sich nicht weise dünke. Denn eben dieser Mund sagt: antworte dem Narren nicht nach seiner Narrheit, damit du ihm nicht gleich werdest! Das ist: antworte ihm nicht so nach seiner Narrheit, daß die Sache selbst darüber vergessen wird; als wodurch du ihm gleich werden würdest. Und so wende ich mich wieder an meinen ernsthaften Leser, den ich dieser Possen wegen ernstlich um Vergebung bitte.

Es ist die lautere Wahrheit, daß der Nachdruck, durch den man diese Blätter gemeinnütziger machen wollen, die einzige Ursache ist, warum sich ihre Ausgabe bisher so verzögert hat, und warum sie nun gänzlich liegen bleiben. Ehe ich ein Wort mehr hierüber sage, erlaube man mir, den Verdacht des Eigennutzes von mir abzulehnen. Das Theater selbst hat die Unkosten dazu hergegeben, in Hoffnung, aus dem Verkaufe wenigstens einen ansehnlichen Teil derselben wieder zu erhalten. Ich verliere nichts dabei, daß diese Hoffnung fehl schlägt. Auch bin ich gar nicht ungehalten darüber, daß ich den zur Fortsetzung gesammelten Stoff nicht weiter an den Mann bringen kann. Ich ziehe meine Hand von diesem Pfluge eben so gern wieder ab, als ich sie anlegte. Klotz und Consorten wünschen ohnedem, daß ich sie nie angelegt hätte; und es wird sich leicht einer unter ihnen finden, der das Tageregister einer mißlungenen Unternehmung bis zu Ende führet, und mir zeiget, was für einen *periodischen Nutzen* ich einem solchen *periodischen Blatte* hätte erteilen können und sollen.

Denn ich will und kann es nicht bergen, daß diese letzten Bogen fast ein Jahr später niedergeschrieben worden, als ihr Datum besagt. Der süße Traum, ein Nationaltheater hier in Hamburg zu gründen, ist schon wieder verschwunden: und so viel ich diesen Ort nun habe kennen lernen, dürfte er auch wohl gerade der sein, wo ein solcher Traum am spätesten in Erfüllung gehen wird.

Aber auch das kann mir sehr gleichgültig sein! – Ich möchte überhaupt nicht gern das Ansehen haben, als ob ich es für ein großes Unglück hielte, daß Bemühungen vereitelt worden, an welchen ich Anteil genommen. Sie können von keiner besondern Wichtigkeit sein, eben weil ich Anteil daran genommen. Doch wie, wenn Bemühungen von weiterm Belange durch die nemlichen Undienste scheitern könnten, durch welche meine gescheitert sind? Die Welt verliert nichts, daß ich, anstatt fünf und sechs Bände Dramaturgie, nur zwei an das Licht bringen kann. Aber sie könnte verlieren, wenn einmal ein nützlicheres Werk eines bessern Schriftstellers eben so ins Stecken geriete; und es wohl gar Leute gäbe, die einen ausdrücklichen Plan darnach machten, daß auch das nützlichste, unter ähnlichen

Umständen unternommene Werk verunglücken sollte und müßte.

In diesem Betracht stehe ich nicht an, und halte es für meine Schuldigkeit, dem Publico ein sonderbares Complot zu denuncieren. Eben diese Dodsley und Compagnie, welche sich die Dramaturgie nachzudrucken erlaubet, lassen seit einiger Zeit einen Aufsatz, gedruckt und geschrieben, bei den Buchhändlern umlaufen, welcher von Wort zu Wort so lautet:

### NACHRICHT AN DIE HERREN BUCHHÄNDLER.

Wir haben uns mit Beihülfe verschiedener Herren Buchhändler entschlossen, künftig denenjenigen, welche sich ohne die erforderlichen Eigenschaften in die Buchhandlung mischen werden, (wie es, zum Exempel, die neuaufgerichtete in Hamburg und anderer Orten vorgebliche Handlungen mehrere) das Selbst-Verlegen zu verwehren, und ihnen ohne Ansehen nachzudrucken; auch ihre gesetzten Preise alle Zeit um die Hälfte zu verringern. Die diesen Vorhaben bereits beigetretene Herren Buchhändler, welche wohl eingesehen, daß eine solche unbefugte Störung für alle Buchhändler zum größten Nachteil gereichen müsse, haben sich entschlossen, zu Unterstützung dieses Vorhabens, eine Casse aufzurichten, und eine ansehnliche Summe Geld bereits eingelegt, mit Bitte, ihre Namen vorerst noch nicht zu nennen, dabei aber versprochen, selbige ferner zu unterstützen. Von den übrigen gutgesinnten Herren Buchhändlern erwarten wir demnach zur Vermehrung der Casse, desgleichen, und ersuchen, auch unsern Verlag bestens zu recommandieren. Was den Druck und die Schönheit des Papiers betrifft, so werden wir der Ersten nichts nachgeben; übrigens aber uns bemühen, auf die unzählige Menge der Schleichhändler genau Acht zu geben, damit nicht jeder in der

Buchhandlung zu höcken und zu stören anfange. So viel versichern wir, so wohl als die noch zutretende Herren Mitcollegen, daß wir keinem rechtmäßigen Buchhändler ein Blatt nachdrucken werden; aber dagegen werden wir sehr aufmerksam sein, so bald jemanden von unserer Gesellschaft ein Buch nachgedruckt wird, nicht allein dem Nachdrucker hinwieder allen Schaden zuzufügen, sondern auch nicht weniger denenjenigen Buchhändlern, welche ihren Nachdruck zu verkaufen sich unterfangen. Wir ersuchen demnach alle und jede Herren Buchhändler dienstfreundlichst, von alle Arten des Nachdrucks in einer Zeit von einem Jahre, nachdem wir die Namen der ganzen Buchhändler-Gesellschaft angezeigt haben werden, sich los zu machen, oder zu erwarten, ihren besten Verlag für die Hälfte des Preises oder noch weit geringer verkaufen zu sehen. Denenjenigen Herren Buchhändlern von unsre Gesellschaft aber, welchen etwas nachgedruckt werden sollte, werden wir nach Proportion und Ertrag der Casse eine ansehnliche Vergütung widerfahren zu lassen nicht ermangeln. Und so hoffen wir, daß sich auch die übrigen Unordnungen bei der Buchhandlung mit Beihülfe gutgesinnter Herren Buchhändler in kurzer Zeit legen werden.

Wenn die Umstände erlauben, so kommen wir alle Oster-Messen selbst nach Leipzig, wo nicht, so werden wir doch desfalls Commission geben. Wir empfehlen uns deren guten Gesinnungen und verbleiben Deren getreuen Mitcollegen,

*J. Dodsley und Compagnie.*

Wenn dieser Aufsatz nichts enthielte, als die Einladung zu einer genauern Verbindung der Buchhändler, um dem eingerissenen Nachdrucke unter sich zu steuern, so würde schwerlich ein Gelehrter ihm seinen Beifall versagen. Aber wie hat es vernünftigen und rechtschaffenen Leuten einkommen können, diesem Plane eine so strafbare Ausdehnung zu geben? Um ein

Paar armen Hausdieben das Handwerk zu legen, wollen sie selbst Straßenräuber werden? *»Sie wollen dem nachdrucken, der ihnen nachdruckt.«* Das möchte sein; wenn es ihnen die Obrigkeit anders erlauben will, sich auf diese Art selbst zu rächen. Aber sie wollen zugleich das *Selbst-Verlegen verwehren.* Wer sind die, die das verwehren wollen? Haben sie wohl das Herz, sich unter ihren wahren Namen zu diesem Frevel zu bekennen? Ist irgendwo das Selbst-Verlegen jemals verboten gewesen? Und wie kann es verboten sein? Welch Gesetz kann dem Gelehrten das Recht schmälern, aus seinem eigentümlichen Werke alle den Nutzen zu ziehen, den er möglicher Weise daraus ziehen kann? *»Aber sie mischen sich ohne die erforderlichen Eigenschaften in die Buchhandlung.«* Was sind das für erforderliche Eigenschaften? Daß man fünf Jahre bei einem Manne Pakete zubinden gelernt, der auch nichts weiter kann, als Pakete zubinden? Und wer darf sich in die Buchhandlung nicht mischen? Seit wenn ist der Buchhandel eine Innung? Welches sind seine ausschließenden Privilegien? Wer hat sie ihm erteilt?

Wenn Dodsley und Compagnie ihren Nachdruck der Dramaturgie vollenden, so bitte ich sie, mein Werk wenigstens nicht zu verstümmeln, sondern auch das getreulich nachdrucken zu lassen, was sie hier gegen sich finden. Daß sie ihre Verteidigung beifügen – wenn anders eine Verteidigung für sie möglich ist – werde ich ihnen nicht verdenken. Sie mögen sie auch in einem Tone abfassen, oder von einem Gelehrten, der klein genug sein kann, ihnen seine Feder dazu zu leihen, abfassen lassen, in welchem sie wollen: selbst in dem so interessanten der *Klotzischen* Schule, reich an allerlei Histörchen und Anekdötchen und Pasquillchen, ohne ein Wort von der Sache. Nur erkläre ich im voraus die geringste Insinuation, daß es gekränkter Eigennutz sei, der mich so warm gegen sie sprechen lassen, für eine Lüge. Ich habe nie etwas auf meine Kosten drucken lassen, und werde es schwerlich in meinem Leben tun.

Ich kenne, wie schon gesagt, mehr als einen rechtschaffenen Mann unter den Buchhändlern, dessen Vermittelung ich ein solches Geschäft gern überlasse. Aber keiner von ihnen muß mir es auch verübeln, daß ich meine Verachtung und meinen Haß gegen Leute bezeige, in deren Vergleich alle Buschklepper und Weglaurer wahrlich nicht die schlimmern Menschen sind. Denn jeder von diesen macht seinen coup de main für sich: Dodsley und Compagnie aber wollen Bandenweise rauben.

Das Beste ist, daß ihre Einladung wohl von den wenigsten dürfte angenommen werden. Sonst wäre es Zeit, daß die Gelehrten mit Ernst darauf dächten, das bekannte Leibnitzische Projekt auszuführen.

## ZU DIESER AUSGABE

Die Textgestalt der hier abgedruckten Werke Gotthold Ephraim Lessings beruht auf den *Werken und Briefen* in zwölf Bänden, herausgegeben von Wilfried Barner zusammen mit Klaus Bohnen, Gunter E. Grimm, Helmuth Kiesel, Arno Schilson, Jürgen Stenzel und Conrad Wiedemann, Frankfurt am Main: Deutscher Klassiker Verlag, 1985 bis 2003. Die Ausgabe wählt in der Regel die Erstdrucke, behält die Orthographie der Originaldrucke bis auf einige altertümliche Schreibungen bei und bewahrt durchweg Lessings Interpunktion, die in vielen Fällen ein Charakteristikum seines Stils ist.

»Nathan der Weise« ist Band 9 der *Werke und Briefe* entnommen, 1993 herausgegeben von Klaus Bohnen und Arno Schilson.

Die »Briefe die neueste Literatur betreffend« stammen aus Band 4 dieser Ausgabe, 1997 herausgegeben von Gunter E. Grimm.

Und die »Hamburgische Dramaturgie« findet sich in Band 6, 1985 herausgegeben von Klaus Bohnen.